洪 运/著

建设用地指标跨区域交易制度研究

——基于区域协调发展的视角

西南财经大学出版社

中国·成都

图书在版编目(CIP)数据

建设用地指标跨区域交易制度研究:基于区域协调
发展的视角/洪运著. --成都:西南财经大学出版社,
2024. 10. --ISBN 978-7-5504-6431-5

Ⅰ. F321. 1

中国国家版本馆 CIP 数据核字第 2024S27G52 号

建设用地指标跨区域交易制度研究——基于区域协调发展的视角

JIANSHE YONGDI ZHIBIAO KUA QUYU JIAOYI ZHIDU YANJIU——JIYU QUYU XIETIAO FAZHAN DE SHIJIAO

洪　运　著

责任编辑:张　岚
责任校对:廖　韧
封面设计:墨创文化
责任印制:朱曼丽

出版发行	西南财经大学出版社(四川省成都市光华村街55号)
网　址	http://cbs. swufe. edu. cn
电子邮件	bookcj@ swufe. edu. cn
邮政编码	610074
电　话	028-87353785
照　排	四川胜翔数码印务设计有限公司
印　刷	成都市火炬印务有限公司
成品尺寸	170 mm×240 mm
印　张	12. 75
字　数	205 千字
版　次	2024 年 10 月第 1 版
印　次	2024 年 10 月第 1 次印刷
书　号	ISBN 978-7-5504-6431-5
定　价	78. 00 元

前言

偏远农村地区承担着耕地保护的重要任务，却无法直接得到城市化带来的好处，特别是城市化带来的地域和资源机遇。2004年，国务院出台《国务院关于深化改革严格土地管理的决定》（国发〔2004〕28号），首次提出开展城乡建设用地增减挂钩试点工作。自此，蕴含着土地发展权的城乡建设用地增减挂钩节余指标（本书简称"建设用地指标"），历经了从县域、市域、省域直至跨省域交易的制度红利逐步释放的过程，其在助力脱贫攻坚与乡村振兴、保障优势地区高质量发展、推动区域间协调发展等方面发挥了积极而重要的作用。

党的十八大以来，以习近平同志为核心的党中央把贫困人口脱贫作为全面建成小康社会的底线任务和标志性指标，以前所未有的力度推进，取得显著成效。在脱贫攻坚期间，允许建设用地指标以配额交易方式突破省域范围，可由"三区三州"向东部及沿海城市转移，这一特殊时期的特殊政策为脱贫攻坚带来了巨大的制度推动力。在创新制度取得预期成效后，2020年3月30日，中共中央、国务院出台了《中共中央 国务院关于构建更加完善的要素市场化配置体制机制的意见》，进一步提出"探索建立全国性的建设用地、补充耕地指标跨区域交易机制"。2024年7月18日，《中共中央关于进一步全面深化改革推进中国式现代化的决定》明确提出"健全同宏观政策和区域发展高效衔接的土地管理制度，优先保障主导产业、重大项目合理用地，使优势地区有更大发展空间。建立新增城镇建设用地指标配置同常住人口增加协调机制"。不难发现，顶层制度走向已逐步清晰，但目前有关建设用地指标跨区域交易的制度体系尚未健全，更缺少对此类跨区域交易的体制、机制的全面构思。而要长期甚至历史性地解决优势地区发展和粮食安全保障机制脱节带来的"制度性贫困"，必须有基于理论支撑的制度准备与实践创新。

本书梳理了国内外土地发展权交易的发展现状及研究成果，围绕国内建设用地指标跨区域交易的政策制度、先行经验、实证数据展开分析，创新性地将民法物权上的地役权理论引入建设用地指标交易制度设计，提出建设用地指标应兼顾公私权力（利）属性，形成了建设用地指标跨区域交易的宏观思路、中观机制及微观设计。

本书共包括十章内容。

第一章绪论。本章重点介绍研究背景、研究意义、相关概念以及国内外文献综述。近年来，中央明确提出"要改革土地管理制度，增强土地管理灵活性，使优势地区有更大发展空间"。这为以市场化方式在全国范围内配置建设用地指标资源提供了重要依据。2020年，我国全面进入乡村振兴的新阶段，关于在脱贫攻坚期间成为重要制度推动力的跨省指标交易试点，中央对其政策沿用提出了明确要求。四川作为西部大开发的重要阵地，其资源如何与东部及沿海地区的资金、技术、产业实现对接，同样需要制度设计与实现路径。从国内外研究现状看，英国、美国及法国的土地发展权制度对我国的借鉴意义最大，研究资料相对较多。其中，美国实行的土地发展权制度与我国最为接近。美国创造性地建立了土地发展权转入区与转出区。政府评估土地发展权的市场交易价值的方法，是将该土地包含发展权在内的全部价值减去不包含土地发展权的土地价值。与国外土地发展权现状相对应，国内（外）相关研究分布于土地发展权、农地发展权、建设用地指标制度等方面，着重于建设用地指标的性质、交易方式、交易范围、定价机制、收益反馈等方面。已有研究成果为本书的研究奠定了重要基础。

第二章建设用地指标的权利属性。本章重点结合其制度源起，分别从建设用地指标的公权属性与私权属性表征进行分析，认为其兼具公私属性。从行政权力角度看，其源于土地行政计划管理的建设用地指标；而从民事权利角度看，则表现为源于集体土地所有权的分支权利体系即土地发展权，其性质与排污权、碳排放权等有一定相似性，即无法律意义上的权利定位，但兼具了公私权利属性。

第三章建设用地指标跨区域交易的理论基础。本书基于法经济学分析范式，一方面从经济学相关理论进行分析，提出建设用地指标的归属、发展、交易以及功能，涉及了产权理论、制度变迁理论、级差地租理论以及区域经济理论的相关内容；另一方面从法学相关理论展开，提出建设用地指标的交易行为、交易主体以及交易制度分别与物权行为理论、契约自由理论以及地役权理论的内容息息相关。

第四章国内外建设用地指标跨区域交易实践及启示。本章首先对英国、美国以及法国的土地发展权市场化交易制度进行了文献考察，指出这些国家即便主要实行土地私有制，但基于发展权的稀缺性和重要的社会性，其制度设计也一直服务于国家的管理，在国家的管制之下。相对于我国来讲，这些发达国家人均土地资源更为丰富，故在耕地保护、环境保护方面的压力相对更小，其市场化交易体系更为成熟，运用范围也更为广泛，制度设计的许多成功经验移植到我国后也较好地融入了改革实践。本章重点考察了浙江省折抵指标交易、重庆市"地票"交易、成都市建设用地指标交易，指出各地交易客体的名称虽不尽相同，但其内涵基本一致，主要延续了美国土地发展权市场化交易中的 TDR（可转移土地发展权）制度，只是各地的制度设计存在一些差别。虽然各地实践已经处于良好运行状态，但在理论研究方面还存在一些缺陷，如未厘清建设用地指标的本质属性，未从切实保护集体、农民利益出发设计建设用地指标的收益反馈机制，对计划与市场手段如何融合未给出明确答案等。

第五章建设用地指标跨区域交易的制度演变。本章首先通过对增减挂钩政策的制度演变的梳理，揭示建设用地指标交易范围经历了由窄到宽的四个阶段,指出随着指标范围的不断扩大,呈现出指标价值不断显化、依附于指标价值的主体愈加多元、指标交易主体的市场意识逐步唤醒等特征。总体上看,构建全国性建设用地指标交易市场的基础已基本成熟。

第六章四川省建设用地指标跨区域交易的实证研究。首先,梳理了中央、省、市、县各级的相关政策,并比较了增减挂钩、易地扶贫搬迁、彝家新寨等不同项目之间的政策差异;其次,通过对四川省乐山市马边县、巴中市以及泸州市泸县建设用地指标交易情况的跟踪调查,从政策制度、实施情况以及支持乡村产业发展等方面展开实证调查;最后,归纳总结了交易实践取得的主要经验与面临的主要问题,重点分析了各主体在指标交易中权责边界不清、集体土地所有权人主体地位模糊、指标交易价格形成方式缺乏弹性以及指标交易方式亟待丰富等问题。

第七章建立建设用地指标跨区域交易制度的宏观思路。本章重点研究了我国建立建设用地指标跨区域交易制度应遵循的基本原则、路径选择以及目标取向等。交易制度建立的基本原则主要包括坚持耕地的最严格保护,兼顾国家、集体、农民利益,自愿、有偿、依法、规范交易以及效率优先、兼顾公平。通过综合分析建设用地指标的计划与市场配置体制的路径依赖,提出建设用地指标跨区域交易的路径选择应是在最严格的耕地保护制度下,将计划配置作为限制建设用地指标过度开发的前提,同时将市场化配置作为体现建设用地指标市场价值的主要手段。应在政府确定的发展权规划及计划中,充分挖掘现有土地资源的潜能,将整理出的建设用地指标作为交易的对象。建立建设用地指标市场化交易的目标取向包括建设用地指标定价权由政府交回市场,由政府主导交易变为集体经济组织自行选择交易对象,由政府投资土地整理变为鼓励和引导社会投资人投资,由政府受益变为农民、集体受益,建设用地指标交易范围从本省范围扩大至以中心城市群为主体的全国范围。

第八章建立建设用地指标跨区域交易制度的中观机制。本章着重探讨了建设用地指标市场化交易中的供需机制、动力机制、定价机制以及交易后的收益反馈机制等，进一步明确了制度建立的基本框架与重点内容。受土地资源有限的影响，某一区域的建设用地指标供给是有限的，而建设用地指标的需求具有无限性。因此，建设用地指标供需机制的不平衡性，决定了其市场价格在交易中无法得到最大化显现。促成建设用地指标跨区域交易的动力主要包括区域间协调发展、构建城乡统一建设用地市场、集约节约利用土地、让农民分享改革发展成果、集中转移农村劳动力及优化农村产业结构。建设用地指标的价格应等于农用地转变为建设用地后，由土地使用权变更引起的价格差异减去开发费用及开发收益后的价格。计算建设用地指标价格应遵循最高最佳利用原则，将未来可转换的建设用地确定为国有经营性用地，以区别于工业性用地及公共公益设施用地的价格计算。影响建设用地指标价格的主要因素包括土地用途、土地区位、城镇土地供需状况以及功能区域定位等。建设用地指标交易后的收益反馈机制涵盖了政府、集体、农民以及社会投资人的收益反馈机制。在市场经济条件下，政府的主要职责是制定市场交易规则，政府应通过财税方式进行收益调节，而不是直接参与收益分配。建设用地指标交易后所得增值收益应主要由农村集体经济组织获取或提留。对农民的收益反馈，建议建立建设用地指标的溯源机制，根据指标产出人即农民的产权贡献进行利益回溯与分配。社会投资人并非建设用地指标的原始权利人，同样不应参与建设用地指标收益的初次分配，对其投资回报方式，建议界定为资金回报或整理出的集体建设用地就地使用，不宜采取节余建设用地指标归于社会投资人所有的方式。

第九章建立建设用地指标跨区域交易制度的微观设计。本章重点研究了地役权制度在建设用地指标跨区域交易中的应用与创新，建设用地指标期权与实权交易市场体系的构建，公权的统筹范围及私权的表达、交易中各方的主体地位以及交易相关配套制度等。通过建立建设用地指标整理项目交易市场，建设用地指标一、二级市场，更广泛吸引社会投资人参与土地整理项目及整理出的指标交易。公权统筹应主要从交易规模、交易范围、交易质量、价格区间以及交易平台五个方面以行政方式统筹。同时，应允许土地发展权的权利人在交易意愿、交易价格以及收益分配方面进行自由表达。为进一步厘清建设用地指标跨区域交易中的多方主体地位及收益分配情况，建议通过与农村集体经营性建设用地入市交易中的土地增值收益分配进行横向比较，为在建设用地指标跨区域交易过程中如何兼顾国家、集体、农民以及社会投资人利益提供借鉴参考。为保障跨区域交易体系顺利建立，还须不断完善金融、税收以及社会保障等配套制度。

第十章结论、启示及展望。本章的主要结论为建设用地指标应是一项兼具公权属性与私权属性的混合性质权利。建设用地指标或土地发展权虽然在我国的法律法规条文中未能明确，但其与《中华人民共和国民法典》上的地役权有成功"嫁接"的基础。当前，探索建立全国性建设用地指标跨区域交易市场，既是改革我国土地计划管理方式的重要方向，也是将市场配置要素资源方式进一步延伸至农村的关键一步。随着指标交易范围的不断扩大，指标的公权属性应不断加强，私权属性则应逐步减弱；应以国家中心城市群为跨省指标交易的发展权转入方，通过微观政策设计让指标交易效率及潜力得到更好发挥。从未来机遇看，在全国性建设用地指标跨区域交易市场及平台的搭建过程中，以四川省、重庆市等为代表的西部省（区、市），一方面应提高建设用地指标置换东部资金的收益效率，全方位探索以指标资源换取东部产业西移、技术西移、人才西移等问题；另一方面，应将建设用地指标跨区域交易获取的收益更多地用于乡村振兴，不断以建设用地指标交易探索增加农民财产性收入的渠道与方法。

洪运

2024 年 7 月

目录

第一章 绪论

当前，我国法律体系中并无对土地发展权的明确定位，理论研究及实践操作中多将建设用地指标视为一项土地开发利用的权利，而土地发展权的转移即为建设用地指标的交易。我国建设用地指标交易经历了缓慢"松绑"的制度演进过程。2021年1月31日，中共中央办公厅、国务院办公厅印发《建设高标准市场体系行动方案》，在推动经营性土地要素市场化配置方面，首次提出"开展土地指标跨区域交易试点。对城乡建设用地增减挂钩节余指标跨省域调剂政策实施评估，探索建立全国性的建设用地指标跨区域交易机制"。这一在脱贫攻坚阶段发挥出显著正向效应的制度设计，将在总结前期制度试验经验的基础上，得以更广范围地应用。2021年3月16日，《四川省国民经济和社会发展第十四个五年规划和2035年远景目标纲要》提出"探索节余指标与长三角地区跨区域交易"。2024年2月19日，中央全面深化改革委员会第四次会议审议通过了《关于改革土地管理制度增强对优势地区高质量发展保障能力的意见》，提出"要建立健全同宏观政策、区域发展更加高效衔接的土地管理制度，提高土地要素配置精准性和利用效率，推动形成主体功能约束有效、国土开发协调有序的空间发展格局，增强土地要素对优势地区高质量发展保障能力"。2024年7月18日，中国共产党第二十届中央委员会第三次全体会议通过《中共中央关于进一步全面深化改革推进中国式现代化的决定》，再次强调"优化土地管理，健全同宏观政策和区域发展高效衔接的土地管理制度，优先保障主导产业、重大项目合理用地，使优势地区有更大发展空间。建立新增城镇建设用地指标配置同常住人口增加协调机制"。上述改革制度指向，确立了本书的重要依据与主要研究方向。

第一节　研究背景

一、改革土地计划管理方式

2019 年 8 月，中央财经委员会第五次会议提出"要改革土地管理制度，增强土地管理灵活性，使优势地区有更大发展空间"。2019 年 12 月，中央经济工作会议更为直接地提出"改革土地计划管理方式"。建设用地指标制度是国家为确保全国耕地总量不减少，同时满足当地建设用地需求而实施的一种制度安排，实践操作中多表现为自上而下的行政计划式管理方式。在现行土地制度下，地方经济发展与最严格的土地用途管制息息相关。事实上，政府制定的土地利用总体规划与城乡规划（现已合并为国土空间规划）早已将某个地区的土地发展权（也可理解为新占用农用地从事建设的面积规模、容积率等）予以了限制。计划式管理的优势在于对土地的中长期利用有一个宏观把握与指导，可以抑制地方政府不断占用耕地的冲动；通过与乡村振兴规划、产业发展规划等协同，能在一定程度上保障土地利用的总体科学性。但计划式管理的弊端同样明显。规划或计划的周期一般较长，短则一年，长则五年甚至更长，难以完全满足经济快速发展下的用地需求，严重时还成为制约地方经济高质量发展的要素瓶颈。为解决上述问题，个别地方政府往往通过频繁调整规划的方式来弥补制度的滞后性。更有甚者，采取"以租代征""未批先建""边批边建""批少占多"等方式变相突破规划限制。而由此带来的不良后果，一是土地规划的严肃性受到挑战，随时可调整的规划相当于没有规划，让规划成为挂在墙上的"废纸"；二是变相助长了地方政府违法侵占耕地的行为。毕竟规划调整需要经过一定的程序，在土地指标总量有限而指标本身又不能快速流动的情况下，违法用地似乎成为仅剩的路径。而与经济发达区域形成鲜明对比的是，经济相对落后区域因对产业项目吸引力不够，对建设用地需求不高，年度土地利用计划确定的新增建设用地指标余量过大等现象依然存在。

建设用地指标的交易应采用计划指令性管理方式还是市场化交易的方式，涉及整个交易制度设计的核心，与指标性质、交易主体的地位、允许交易的范围、交易价格等密切相关。个别地方政府将建设用地指标视为行政管理权力的延伸或载体：对建设用地指标主体的界定不清，将政府当作了指标的供给方；指标的定价机制过于僵化，完全从土地整理成本来考虑指标价值；指标交易后市场化收益的反馈机制不健全，如将建设用地指标增值的溢价全部归于投资主体，忽视了发展权丧失方——集体经济组织及其成员的利益诉求以及对土地增值溢价的合理分配。

建设用地指标的跨区域交易制度研究，正是基于一种对建设用地指标本质认识上的混沌状态而产生的，目的是探究如何既兼顾建设用地指标上所依附的公权属性，又充分体现建设用地指标（或称土地发展权）的私权本质。应注意的是：建设用地指标与其他财产权利不同，其交易涉及政府、集体、农民、社会投资人、市场中介组织等多重利益主体，对它们相互之间的博弈研究更需要建立在实证的基础上，对交易背后的公权与私权行使范围进行界定与制度设计，从而构建起一套相对完善的建设用地指标跨区域交易制度体系。

二、实现脱贫攻坚与乡村振兴有效衔接

为加大对脱贫攻坚地区的政策支持，2017 年 9 月，中共中央办公厅、国务院办公厅印发《关于支持深度贫困地区脱贫攻坚的实施意见》（厅字〔2017〕41 号），要求"探索'三区三州'及深度贫困县增减挂钩节余指标在东西部扶贫协作和对口支援框架内开展交易，收益主要用于深度贫困地区脱贫攻坚，按照土地出让收入的有关管理规定，加强资金使用管理"。上述跨区域交易政策的实施，为加快推动深度贫困地区脱贫攻坚带来了巨大制度推动力，以贫困地区建设用地指标资源置换脱贫攻坚各类项目建设资金的方式，在极大地改善贫困地区农民的居住条件的同时，进一步优化了土地利用空间格局，为加速产业"落地"、快速实现贫困地区脱贫提供了原动力。调研发现，该政策在四川省试点地区深受地方政府、集体及农民认可，各级干部均希望此项政策能够在接下来的乡村振兴阶段得以延续。2021 年 1 月，中共中央办公厅、国务院办公厅印发《建设高标准市场体系行动方案》，对跨区域交易制度的延续提出了在实施评估后继续探索的明确要求。

三、加快推进城乡融合发展与西部大开发

2020 年 1 月,国家发展改革委、中央农村工作领导小组办公室、农业农村部等部门审议通过《国家城乡融合发展试验区改革方案》,明确设立 11 个国家城乡融合发展试验区,其中,四川省成都西部片区有 8 个县(市、区)入选。根据该方案,各试验区应实现城乡生产要素双向自由流动的制度性通道基本打通、城乡统一的建设用地市场全面形成等目标。建设用地指标作为依附于土地要素的创新形态,它在城乡间的自由流动,尤其是在东西部范围内的跨区域交易,不仅能够最大化实现城乡之间土地要素与资本要素的双向互动,还能在缩小东西部及城乡差距、壮大西部地区集体经济、实现农村居民增收方面发挥更为重要的作用。

2020 年 5 月,中共中央、国务院发布《关于新时代推进西部大开发形成新格局的指导意见》,指出了"西部发展不平衡不充分问题依然突出,巩固脱贫攻坚任务依然艰巨,与东部地区发展差距依然较大"等问题。为加快形成西部大开发新格局,推动西部高质量发展,该指导意见在用地政策方面提出"继续实施差别化用地政策,新增建设用地指标进一步向西部地区倾斜。推进耕地指标和城乡建设用地指标在国家统筹管理下实现跨省域调剂"。该指导意见再次肯定了建设用地指标跨区域交易在推动西部开发建设中的重要作用。

第二节   研究意义

一、厘清建设用地指标公权与私权兼有的混合属性

我国现行的城乡二元土地制度形成于计划经济体制时代,是为满足当时优先发展工业的战略需要而推行的。现行的土地计划管理制度衍生出了"建设用地指标"的概念,农用地转为建设用地须受国家土地行政规划与计划的管理,建设用地指标的公权属性是较为明显的。调研发现,部分调研对象笃定地认为建设用地指标应归政府所有,并将其列为增加财政收入的重要手段。而从指标"生产"环节观察,建设用地指标来自减少转出地建设用地规模即发展权,依附于集体所有的土地,源于集体土地所有权人

和使用权人对土地享有的法律意义物权，其私权属性也是毋庸置疑的。因此，建设用地指标公私属性的兼备特性亟须在制度设计中予以恰当体现，并取得合理的法律定位与权利边界，以消除当前对建设用地指标性质的错误认识，实现城乡建设用地的动态平衡与逐步融合。

二、寻求耕地保护与区域经济协调发展的平衡点

目前，我国仍处于新型城镇化的快速发展阶段。在可预见的未来，随着我国新型城镇化进程的不断加快，城镇建设用地的总体需求量将会持续保持在相对较高的水平。在此过程中，推动城乡、东西区域经济的协调发展，不仅有助于提高土地资源的利用效率，还将进一步刺激区域性建设用地需求。这种需求的增长，一方面来源于城镇人口的增加和城市化率的提高，另一方面则来自各类基础设施建设、产业发展和公共服务设施建设的需要。因此，在未来一段时间内，如何合理规划和有效管理城镇建设用地，确保土地资源的可持续利用，将是摆在我们面前的一项重要任务。

在中央实行最严格的耕地保护措施和下达给各地方的建设用地指标有限的双重压力下，除将一些低山或丘陵整治成为新增的建设用地，或通过旧城改造、场镇改造等盘活存量土地以增加建设用地外，目前常用的手段就是以实施城乡建设用地增减挂钩项目为抓手，通过行政或市场方式推进建设用地指标在区域之间交易，在保障建设用地总量不变的前提下，推动建设用地资源向亟须区域特别是优势地区转移。但在增减挂钩项目的实施过程中，地方政府不可避免地存在以较低的成本换取更大的土地级差收益的冲动。如何通过制度的合理设计有效抑制或减弱上述情形发生，是本书的主要研究目的之一。

三、探索优势地区与非优势地区资源资金跨区域置换的更优模式

以贫困地区发展权资源置换发达地区资金，是跨区域交易制度设计的初衷，是两地各取所需的双赢策略。但对深度贫困地区的调研发现，贫困地区不仅缺少资金，还缺少产业、人才、技术等基本要素。2017年6月，国家发展改革委出台《关于支持"飞地经济"发展的指导意见》（发改地区〔2017〕922号），提出"充分发挥各地区比较优势，促进土地、技术、管理等资源优势互补和优化配置，共同参与园区建设和运营管理，建立合理的成本分担和利益共享机制，促进合作各方良性互动、互利共赢"。

2018 年，浙江平湖经济发达地区与浙江青田土地富裕地区的深度"飞地抱团"，实现了增减挂钩双方的项目互飞、资金互飞和人才互飞，保障了相对不发达地区可持续发展的产业支撑和造血活力，是在土地增减挂钩基础上的深度可持续合作。因此，在建设用地指标跨区域交易制度设计中捆绑更多配套制度，形成具有复合功能、有一定持续性的东西部地区资源资金等多重要素置换模式，有助于提升制度的普适性与落地性。

四、为搭建全国性建设用地指标区域性交易市场提供实践支撑

作为脱贫攻坚中一项重要制度创新的跨区域交易的实现，极大地推动了四川省的资源与东部地区的资金的对接，在脱贫攻坚期间为四川省深度贫困地区换来了大量扶贫资金。但从前期调查的情况看，发展权转出区域因考虑到跨区域交易程序过于复杂（中央计划调剂）、价格受到限制（每亩①限价 30 万元）等，现在更趋向于将指标交易到四川省区域中心城市如成都等地，这在一定程度上违背了制度设计的初衷。近年来，四川省成都市作为先行先试地区，已探索了较为成熟的指标交易规则及程序，但其交易的最大边界是省域，而只有跨省域的交易，才会把因级差地租产生的收益最大化。面对如此巨大的溢价空间，对部分财政较为吃紧的基层地方政府而言，"指标财政"收入可能成为其推动项目实施的内生动力。如何通过构建更加公开、透明的交易市场，让各级各类主体都能分享制度红利，需要从制度层面做好理论探索及准备。本书对制度设计的全方位审视，有利于摸清制度实施面临的现实困境，提出制度完善的合理化建议，以"四川探索"为全国性建设用地指标区域性交易市场搭建提供经验参考。

第三节　相关概念

一、土地用途管制

土地用途管制是一项由国家实施的强制性管理制度，旨在确保土地资源的合理利用。该制度通过编制土地利用总体规划明确土地用途分区，并

---

① 1 亩 ≈ 666.67 平方米。

确定土地使用应遵守的限制条件。同时，国家还实行了土地用途变更许可制度，以确保土地用途的合法性和合规性。《中华人民共和国土地管理法》第四条规定："国家实行土地用途管制制度。""使用土地的单位和个人必须严格按照土地利用总体规划确定的用途使用土地。"由此可知，无论是集体土地所有者或使用者，还是国有土地的使用者，原则上只能按照土地利用总体规划确定的用途使用土地，无权任意变更土地用途。通俗地说，种田的土地不能用于"种房"，"种房"的土地不能用于种田；若想改变用途，须经由国家许可并办理相关土地变更手续。从某种意义上讲，土地用途管制是国家对土地使用权人或所有权人发展土地权利的限制，而实施限制的唯一主体只能是国家。从行政管理的角度看，国家通过土地用途管制制度行使了建设用地指标的初始配置权。

二、农村宅基地使用权自愿有偿退出

党的十八届三中全会提出改革完善农村宅基地制度，在深化农村改革方面又进一步提出"探索宅基地有偿使用制度和自愿有偿退出机制"。在总结前期改革经验的基础上，修订后的《中华人民共和国土地管理法》第六十二条规定，"国家允许进城落户的农村村民依法自愿有偿退出宅基地"。2020年8月，中央启动了新一轮深化农村宅基地制度改革试点，而宅基地自愿有偿退出是重要的试点内容之一。四川省的宅基地分布较为零散，大多处于非集中状态。以宅基地自愿有偿退出为制度性渠道，不仅能够有效整合集体建设用地，促进土地集约高效利用，也为农民提供了向城镇转移的资金支持，促进其自主自愿进城入镇，对保障新型城镇化用地、增加农民财产性收入都具有重要的现实意义。

成都市于2007年获批全国统筹城乡综合配套改革试验区，在农村宅基地制度改革方面探索较早。按照2017年3月成都市国土资源局、成都市统筹城乡工作委员会《成都市农民自愿有偿退出宅基地使用权试点指导意见》（成国土资发〔2017〕28号）的相关定义，农村自愿有偿退出使用权的宅基地系指"进城镇定居或在城镇具有稳定住所而自愿主动退出的宅基地，农民空闲宅基地，城市居民合法拥有的农村宅基地，因地质灾害避险搬迁、灾后重建、生态移民、新农村建设以及农村产业发展等原因自愿搬迁的农村宅基地"。

三、城乡建设用地指标增减挂钩

1998年修订的《中华人民共和国土地管理法》确定了耕地总量动态平衡的基本原则。虽然我国逐步建立了严格的土地管理制度，耕地总量也在稳步增加，但我国人多地少的国情以及经济的快速发展决定了要想保持耕地总量的平衡，有必要再次进行耕地保护制度的探索创新。2004年，国务院制定下发了《关于深化改革严格土地管理的决定》，第一次明确了城镇建设用地增减与农村建设用地相挂钩的设想。所谓城乡建设用地增减挂钩，系指"依据土地利用总体规划，将若干拟整理复垦为耕地的农村建设用地地块（即拆旧地块）和拟用于城镇建设的地块（即建新地块）等面积共同组成建新拆旧项目区（以下简称'项目区'），通过建新拆旧和土地整理复垦等措施，在保证项目区内各类土地面积平衡的基础上，最终实现增加耕地有效面积，提高耕地质量，节约集约利用建设用地，城乡用地布局更合理的目标"。该项制度设计的重要意义在于保持建设用地总量不变，在耕地总量有所增加、耕地质量有所提高的前提下，产生建设用地增减挂钩指标，用于满足城镇新区的项目建设。该制度的推出极大地释放了农村建设用地的活力，是对原有的较为僵化的土地用途管制制度的适度缓和。

2019年底，自然资源部印发《自然资源部关于开展全域土地综合整治试点工作的通知》（自然资发〔2019〕194号），开启了全域土地综合整治试点工作，要求"以科学合理规划为前提，以乡镇为基本实施单元，整体推进农用地整理、建设用地整理和乡村生态保护修复，优化生产、生活、生态空间格局，促进耕地保护和土地集约节约利用，改善农村人居环境，助推乡村全面振兴"，同时要求"乡镇政府负责组织统筹编制村庄规划，将整治任务、指标和布局要求落实到具体地块，确保整治区域内耕地质量有提升、新增耕地面积不少于原有耕地面积的5%，并做到建设用地总量不增加、生态保护红线不突破"。

全域土地综合整治作为原农村土地综合整治的升级版，新增了生态保护修复的内容，与城乡建设用地增减挂钩的主要区别在于：前者是以对农村生产、生活环境的整体改善为目的，后者仅仅以增加有效建设用地面积为目标，前者的内容包含了后者。虽然同样能产生建设用地指标，但从实践情况看，前一种方式更能体现建设用地指标的市场价值，即农民因丧失发展权而得到的补偿更多：不仅有土地、房屋的补赔偿，还有生产、生活、生态环境的改善，农村产业化项目的引入以及当地土地价值的提升等。

第四节　国内外研究文献综述

一、国外研究综述

从本质上看，建设用地指标与土地发展权具有同源性与同质性，二者的区别在于"建设用地指标"的概念偏向于行政管理属性，而"土地发展权"的概念则侧重于主体的权利属性，是指土地所有权诸项权利中的一项。因我国现行法律体系中并无"土地发展权"的概念，故本书采用了"建设用地指标"概念，本书所指的建设用地指标是指城乡建设用地增减挂钩节余指标，其内涵范围要小于土地发展权。

国外并无"建设用地指标"的概念，但与此相对应的土地发展权却在西方发达国家得到普遍认同。究其原因，土地私有制的存在让土地作为一项私有权利的观念根深蒂固，以公权力强势介入土地开发或用途管制较为困难，于是土地发展权的制度设计成为协调公权力与私权利之间不同利益诉求的最佳工具。在国外，土地发展权制度起源于英国，英国的土地发展权制度以发展权统归国有为基础，所有发展权都必须向国家购买。美国的土地发展权制度则更倾向于一种市场化的私有产权制度，采取可转移土地发展权（TDR）的方式为土地发展权的交易铺平了道路。法国通过政府行使优先购买权的形式对极易遭受破坏的区域实行干预，以达到保护粮食安全这一社会公共利益的目的。我国的土地发展权制度研究起步较晚，对其的研究主要集中在土地发展权的定义、属性、本质、意义以及与征地制度的关系等理论上。在我国土地制度二元结构的背景下，土地发展权的意义显得尤为重要。原来城镇建设需要占用土地，不得突破年度土地利用计划确定的当地新增建设用地规模，而土地发展权市场化交易制度的确立，使优势地区可以通过行政调剂或市场购买建设用地指标的方式扩大其建设占用土地规模，以支持优势地区产业高质量发展。

（一）土地发展权交易目标

公平和效率是发达国家设计土地发展权市场化交易所追求的重要目标。美国学者阿瑟·奥沙利文认为，政府可通过对土地发展权的管理来处理耕地保护和土地开发的权利义务。土地发展权的交易可以起到转移土地收益分配的作用，以达到城乡土地利用的公平与效率目标的结合①。加里·沃弗里曼提出，为保护作为公共物品的开敞空间，允许出售此类土地上的发展权可以实现林达尔均衡②。日本学者武井利行对土地发展权交易制度的设计进行了详细研究，认为土地发展权交易的目的在于纠正公共部门不当干预土地市场所产生的不公平的副作用。这是由于土地市场若仅仅依据市场供需自行交易，必将产生公共财政供给不足及负外部性过分扩展的缺陷，故公共部门须直接干预③。当然，直接干预带来的副作用也很明显，这又会产生地区经济差异的显失公平，使土地发展权受让区域的经济快速发展，土地发展权转让区域的经济发展却受到制约。而土地发展权市场化交易制度可让土地利益的分配趋于公平。

（二）土地发展权交易模式

依照美国发展权转让授权法的规定，发展权转移（transfer of development rights）可定义为土地所有权或使用权人将土地发展权转让，转出的发展权在原依附土地上消失，同时，该发展权在受让土地上与其现有发展权相叠加。美国学者约翰·丹纳尔将土地发展权转移定义为：可转移的土地发展权是一种财产权利，在土地发展权转移项目中，它可以从被设计为发送区的地块上抽离出来，并转移到被定义为接受区的另一地块上，随之而转移的是更大的开发强度，发送区在出售或转让土地发展权之后，通常会受到严格的开发限制④。

依据美国关于发展权转移的基础理论，发展权以物权所代表的一项权利束为基础，土地发展权人拥有多项权利，包括占有、使用、收益及处分权能。每一个权能都能从土地权利中剥离出来，并且作为商品在公开市场

---

① 张友安. 土地发展权的配置与流转研究 [D]. 武汉：华中科技大学，2006.

② WOLFRAM G. The sale of development rights and zoning in the preservation of open space: lindahl equilibrium and a case study [J]. Land Economics, 1981 (3): 398-413.

③ 张友安. 土地发展权的配置与流转研究 [D]. 武汉：华中科技大学，2006: 11.

④ DANNER J C. TDRs—great idea but questionable value [J]. The Appraisal Journal, 1997 (4): 133-142.

上交易。土地利用分区技术是美国转移发展权的技术基础，该技术对保护政府公共资源起到了良好效果，通过将土地用途分为农业用地、公益用地、环境破坏区和历史古迹用地等类型，让上述区域的土地所有权人或使用权人将其土地的发展权转移给土地开发者，由开发者向其支付报酬，取得发展权的开发者可在意向区域内以更适合的用途和密度开发土地。发展权转移既可以使公共利益避免受到将来开发的破坏，也可让出售者得到一定补偿，同时，还让发展权购买人可以在允许的土地使用密度范围内开发土地。

美国发展权转移需满足以下要求：首先，需以正当的公共利益为目的，举例来讲，包括了保护耕地、增加土地所有者或使用者的资本性收入、保护生态环境等；其次，要确定发展权转移的转出区域和转入区域；再次，转出区域和转入区域的设定都必须与当地土地总体规划相适应；最后，发展权作为一项保留地役权，规定了对未来转出区域权利人的权利限制。美国的发展权转移制度提出了业主可将开发土地的权利从其他权利中分离出来转让，事实上将所有权人拥有的各类分项权利如土地使用权、土地出租权、土地遗赠权、土地抵押权和土地开发权等，一部分或全部转让给他人。

受到政府财力的限制，美国创设了市场化的发展权（marketable development rights，MDR）制度。该制度要求政府退出土地发展权的交易市场，在土地利用总体规划的指引下，通过市场机制建立健全发展权的交易市场，实现限制欠发达地区的土地用途转变和鼓励发达地区的土地开发利用的目标。

（三）土地发展权交易机制

美国土地发展权交易机制运行的具体程序包括：①确定发展目标；②配置基本土地发展权；③建立土地发展权转移补助机制；④建立土地发展权转移的激励保障措施。

所谓确定发展目标，是指有关机关在其辖区范围内事先制定当地发展目标。有关机关按发展目标配置辖区范围内的土地发展权总量，同时推行土地使用管制，将地区分为土地发展权接收区与土地发展权转出区。处于接收区内的权利人不具有自由开发土地的权利，若想进行开发，首先应依据其开发强度向有关部门缴纳发展权费用。若发展权超出了本地拥有的发展权上限但又属于规定的合理范围，可选择向其他发展权人购买发展权进行冲抵。

鉴于房地产最终消费者对土地的多样性需求，造成土地发展权的转入区会产生对发展权的引申需求。当发展权主体按固定价格转让时，转入区对发展权的需求会持续增大，当发展权主体提高转让价格时，转入区对发展权的需求会有所减弱。因此，发展权的供给与需求关系变化会影响到交易的数量与价格。当设定的转出区与转入区之间的距离较近，则管理较为容易；当设定的距离太远，则较难判断发展权需求的具体位置与需求强度，这时就需要政府起到调整供需的作用。政府若有意将此调整职能交给市场，则首先需要构建一系列对发展权交易的补助机制。

土地发展权转移项目中的激励保障措施包括发展权银行、发展权交易所等实体机构是否健全，法律、经济方面的促进因素，为促进公众对土地发展权转移的了解而进行的宣传是否充分，是否与发展权征购结合使用等。约翰·丹纳尔认为发展权转移项目要成功实施，必须有法律保障（legally defensible），要有政府对项目的承诺和推动，要确保分区的稳定，避免重新分区、前后分区造成的矛盾。设置发展权交易所虽然并不是发展权转移项目成功的决定因素，但是它的存在会有助于项目的成功①。这是由于它既提供了买卖双方交易的场所，又增加了交易者的信心和对土地发展权转移的价值保证②。道格拉斯·肯德尔等提出，如果发展权转让获得宪法等法律上的认可，市政当局就有更大的可能性和谈判能力实现其分区规划目标③。米歇尔·卡普洛维茨等则提出，与土地发展权征购结合使用的发展权转移项目更成功④。约翰斯顿·罗伯特等认为，必要的时候应当对发展权进行价值评估。关于对公众的宣传，学者建议通过公开发展权的

---

① 靳相木，沈子龙. 国外土地发展权转让理论研究进展 [J]. 经济地理，2010 (10)：1706-1711.

② DANNER J C. TDRs：great idea but questionable value [J]. The Appraisal Journal, 1997 (4)：133-142.

③ DOUGLAS T K, RYAN J E. Paying for the change：using eminent domain to secure exactions and sidestep Nollanand Dolan [J]. Virginia Law Review, 1995, 63 (3)：1801-1879.

④ KAPLOWITZ M D , MACHEMER P, PRUETZ R. Planners' experiences in managing growth using transferable developmentrights (TDR) in the United States [J]. Land Use Policy, 2008, 25：378-387.

交易记录来实现①。与美国土地发展权转移政策相对应，我国制定了城乡建设用地增减挂钩政策，但由于两国制度环境的差异，在政策的具体实施中美国选择了一种以市场和层级相结合的混合型治理结构，而我国则选择了一种以政府为主导的层级治理结构。虽然两国的政策都在一定程度上增加了规划分区制度的弹性，但现阶段，美国土地发展权转移政策在利益分配机制设计和耕地保护效果方面均优于我国城乡建设用地增减挂钩政策②。我国的土地用途管制，其性质与英国的"土地发展权的价值转移"类似，但土地发展权益几乎由国家独占，特别是农村集体土地的所有者权益和资产性权益难以体现③。

（四）土地发展权交易供需平衡机制

乔·康拉德等通过对马萨诸塞州 Hadley 地区的实证分析，指出了影响发展权供应价格的因素包括市价变化、农地升值预期、农地用途的延续、土地所有者年龄等④。他们通过建立线性回归模型进行回归分析，得出如下结论：一是土地的市场价值变化系数越大，风险系数越高，土地所有者对发展权的供应价格就越高；二是发展权供应价格与农地的升值预期之间存在非常密切的一一对应关系；三是从事农业生产的土地所有者年龄越大，其发展权供应价格越高，这被称为退休效应；反之，发展权供应价格则越低⑤。

巴里·菲尔德等较早注意到发展权的需求问题，认为发展权的需求价格由接收区内开发密度的限制和突破限制为开发商带来的预期收益所决定；他认为要实现充分有效的需求，应考虑两个因素，一是分区降格（downzoning）的程度，二是发展权单元与开发密度单元的比率⑥。莱斯利·斯莫等通过

① ROBERT A J, MADISON M E. From landmarks to landscapes: a review of current practices in the transfer of development rights [J]. Journal of the American Planning Association, 1997, 63 (3): 365-378.

② 顾汉龙，冯淑怡，张志林，等. 我国城乡建设用地增减挂钩政策与美国土地发展权转移政策的比较研究 [J]. 经济地理，2015 (6): 143-148.

③ 张新平. 英国土地发展权国有化演变及启示 [J]. 中国土地，2015 (1): 36-38.

④ 靳相木，沈子龙. 国外土地发展权转让理论研究进展 [J]. 经济地理，2010 (10): 1706-1711.

⑤ CONRAD J M, LEBLANC D. The supply of development rights: results from a survey in Hadley, Massachusetts [J]. Land Economics, 1979, 55 (2): 269-276.

⑥ FIELD B C, CONRAD J M. Economic issues in programs of transferable development rights [J]. Land Economics, 1975, 51 (4): 331-340.

对新泽西州 Middlesex 县 South Brunswick 镇的调查分析，揭示了高密度的规划区对土地发展权转移的需求远非土地发展权项目的倡导者所想象的那样高①。弗吉尼亚·麦克康奈尔等则探讨了引入发展权转移后土地利用方式的变化，认为开发商倾向于购买发展权来增大密度较小的农村地区的开发强度，而不愿意去提高原本密度就已经较高的城镇中心区、居民区等的开发强度，这和土地发展权项目倡导者的目标相悖②。

英格曼和理查德认为，当设定的转出区与转入区之间的距离较近，则管理较为容易；当设定的距离太远，则较难判断发展权需求的具体位置与需求强度，这时就需要政府起到调整供需的作用。在发展权市场均衡条件研究上，学者们一般以邻地的相互依赖效应（interdependencies）为基础建立相应的理论模型。该效应系指土地开发利用具有显著的外部性，对某地块的土地开发利用将影响到相邻地块的土地价值③。大卫·米尔斯提出，鉴于邻地的相互依赖效应，在政府不介入干预的情形下，完全竞争的土地市场无法实现利用的最佳状态；若引入政府的分区管制方式，虽然可在一定程度上提高土地利用的效率，但会随之带来土地开发收益的不公平分配，而以土地发展权转移取代政府的直接干预，则可在保持公正的前提下实现土地利用的最佳状态④。

二、国内研究综述

目前，与建设用地指标（土地发展权）跨区域交易直接相关的研究还相对较少，以下主要整理了与本书有一定关联的前期成果。

（一）关于土地发展权的归属

第一种观点是土地发展权应归国家所有，土地权利人若要变更土地使用性质，必须先向国家购买发展权，这类似于英国模式。沈守愚认为，土

① SMALL L E, DERR D A. Transfer of development rights: a market analysis [J]. American Journal of Agricultural Economics, 1980, 62 (1): 130-135.

② MCCONNELL V, ELIZABETH K, WALLS M. Farmland preservation and residential density: can development rights markets affect land use? [J]. Agricultural and Resource Economics Review, 2005, 34 (2): 131-144.

③ 靳相木，沈子龙. 国外土地发展权转让理论研究进展 [J]. 经济地理，2010 (10): 1706-1711.

④ MILLS D E. Transferable development rights markets [J]. Journal of Urban Economics, 1980 (7): 63-74.

地发展权的权源是国家主权。非公益性主体的土地使用者在相关规划与计划允许下变更土地用途，除了要给予集体和农民应有的补偿外，还要向国家购买发展权①。胡兰玲主张将发展权与土地所有权分割处理，以发展权属于国家的方式将公共投资产生的开发利益返还给社会，她认为土地发展权应归属于国家②。贾海波根据产权理论，从农地保护目的出发，认为在实行社会主义公有制且人多地少的我国，建设用地指标只能由国家行使③。张友安等认为土地发展权归国家所有，有利于土地供应参与宏观经济调控，有效地实施土地利用规划与实现城乡统筹发展。土地发展权归属于国家更具有可操作性和现实针对性④。陈柏峰认为土地发展权并非土地所有权的派生权利，它因国家管制权的行使而成为一项独立的权利⑤。

第二种观点是土地发展权归土地所有者即农村集体所有。国家可向农地所有者购买发展权，或允许建设用地指标在市场上交易与流转，这类似于美国模式。刘明明认为在界定土地发展权的归属时应当尊重农民的土地产权，不能因为国家宏观调控而抹杀了土地产权⑥。沈志远等认为若将建设用地指标归于国家所有，在征地时，农民集体会丧失土地因转变用途所获增值收益的请求权基础，且会损害农民权益⑦。

第三种观点是土地发展权应该由国家和农村集体共同分享。臧俊梅等根据我国社会经济性质和土地制度特性，界定建设用地指标在公法领域属于"全民公有"、在私法领域属于"国家私有"，国家可以通过无偿授予建设用地指标给所有农村集体成员的方式将建设用地指标归还给农民⑧。马韶青提出应从立法上确立土地发展权制度，规定土地发展权属于国家和土地所有者共同所有，保障土地所有者之间机会权益的均等⑨。

土地发展权的权利主体问题涉及政府、土地所有者、土地投资者、土

① 沈守愚. 论设立农地发展权的理论基础和重要意义 [J]. 中国土地科学, 1998 (1): 3.

② 胡兰玲. 土地发展权论 [J]. 河北法学, 2002 (2): 143-146.

③ 贾海波. 农地发展权的设立与权利属性 [J]. 中国土地, 2005 (10): 24-26.

④ 张友安, 陈莹. 土地发展权的配置与流转 [J]. 中国土地科学, 2005 (5): 10-14.

⑤ 陈柏峰. 土地发展权的理论基础与制度前景 [J]. 法学研究, 2012 (4): 99-114.

⑥ 刘明明. 论土地发展权的理论基础 [J]. 理论导刊, 2008 (6): 17-21.

⑦ 沈志远, 吴钊. 简论农地发展权在我国的创设 [J]. 新学术, 2007 (6): 140-141, 164.

⑧ 臧俊梅, 王万茂. 农地发展权的设定及其在中国农地保护中的运用: 基于现行土地产权体系的制度创新 [J]. 中国土地科学, 2007 (3): 44-50.

⑨ 马韶青. 土地发展权的国际实践及其启示 [J]. 河北法学, 2013 (7): 77-84.

地使用者等多方的利益分割。持第一种观点的大部分学者的主要依据是土地因用途改变而产生增值的来源主体是国家，即"涨价归公"。土地发展权国有化，制度功能与土地用途管制功能重叠，无法产生更高的绩效，其结果仍然不能因解决土地使用性质变更而产生的发展性利益分配和权利归属问题。持第二种观点的学者是从尊重产权利益、保障农民利益的角度认为"涨价归私"，但建设用地指标的实现过程的主动性在于国家，而不是农民集体，若将发展权归集体经济组织，则运行成本巨大，操作困难，且土地增值价值来源于全社会的贡献，若将其单独分配给农民个人或集体经济组织，都会存在巨大的争议与不公。第三种观点为较多学者所接受，其制度的设计能兼顾效率与公平，但在国家与农民和农民集体经济组织共享土地发展权这种主流思想下，其各种制度方案的设计与实现仍存在争议。

尽管土地发展权制度的建立的目的与作用存在着多元性，但产权制度的最主要制度功能在于权利利益的分配与保障，而历来制度的设计都存在着公平与效率之争。在我国这种特殊的土地制度背景下，土地发展权制度的设计与实现则更为复杂与困难，而对土地发展权的归属问题的探索不能仅仅从理论层面分析研究，而应结合土地发展权的实际配置、流转与实现过程一并考虑，以探索出更符合实际情况的最优方案①。

（二）关于建设用地指标的行政与市场配置方式

李新仓等认为，现行建设用地指标实行行政配置法律制度，在配置实践中存在高昂的信息成本、寻租成本等制度成本问题，权力寻租现象严重，建设用地指标配置效率低下。在土地供给侧结构性改革背景下，建设用地指标行政配置制度存在行政权力不断消退、私权利日益彰显等特征②。张新平认为，在目前的实践中，中国通过土地用途管制、集体土地使用权限制流转和土地征收等制度，将土地发展权牢牢控制在国家手中，这不仅造成了土地发展权益的配给失衡，也造成了规划控制过分僵硬而不得不面临着朝令夕改的窘境。事实表明，完全依靠行政手段配给土地发展权，缺乏市场机制的调节，既可能造成应当开发的土地因规划所限而不能开发，

---

① 林晓雪，吴金辉，臧俊梅，等.我国土地发展权研究综述［J］.广东土地科学，2012（2）：11-16.

② 李新仓，阎其华.土地开发权转移框架下我国建设用地指标行政配置的法律规制［J］.广东社会科学，2018（5）：229-236.

也可能因规划失误造成不应当开发的土地被过度开发①。

（三）关于建设用地指标的交易范围设定

张友安等认为，目前国内忽视了对跨区域土地发展权配置与流转的研究，依据中国的政府层级设置，可以分别从宏观、中观以及微观三个层面对土地发展权的形式进行配置与流转②。龙开胜认为，将指标交易控制在省域范围内，不会导致指标由中西部经济欠发达地区向东部经济发达地区集中，不会剥夺落后地区未来发展空间③。姚树荣等则认为，要探索增减挂钩市场化运行机制建设，措施之一是"取消项目范围限制，允许在全国范围内跨省进行建设用地指标交易，最大限度释放土地级差收益，用于精准扶贫工作"④。

（四）关于建设用地指标的增值收益分配方式

董晓方等研究表明，对于因农转用获取的土地增值收益，市、县、乡三级政府应从中取得一定比例的收益，其主要目标在于协调土地利用总体规划及年度土地利用计划引起的土地发展权配置不公平、不合理所导致的农村集体之间、城市与农村之间、发达地区与欠发达地区之间的利益冲突，或者通过开征土地增值税来平衡收益⑤。陶源同样从税收角度考虑土地发展权的增值收益分配问题，认为以防控地方财政风险作为底线，同时考虑到央地关系存在不同程度的财政博弈，扩大地方税源、健全地方税体系对于发展权的设立将是十分必要的前置条件⑥。

---

① 张新平. 试论英国土地发展权的法律溯源及启示 [J]. 中国土地科学, 2014 (11)：81-88.

② 张友安, 陈莹. 土地发展权的配置与流转 [J]. 中国土地科学, 2005 (5)：10-14.

③ 龙开胜. 集体建设用地指标交易能否增加农民收入：一个整体性框架及初步经验证据 [J]. 南京农业大学学报（社会科学版）, 2015 (5)：87-94, 140.

④ 姚树荣, 龙婷玉. 基于精准扶贫的城乡建设用地增减挂钩政策创新 [J]. 西南民族大学学报（人文社会科学版）, 2016 (11)：124-129.

⑤ 董晓方, 杜新波. 重庆市地票运行机制的内在经济法律依据：基于土地发展权视角的框架分析 [J]. 安徽农业科学, 2012 (31)：15456-15458.

⑥ 陶源. 二元公有制下土地发展权与土地增值收益分配的研究 [J]. 云南财经大学学报, 2021 (4)：101-110.

第二章 建设用地指标的权利属性

第一节 建设用地指标制度的源起

一、耕地保护红线的严格性

对新增建设用地指标进行计划控制，是基于我国粮食安全以及"将饭碗牢牢端在自己手中"的宏观政治需要。长期以来，我国人均耕地、优质耕地及后备耕地资源少，随着人口不断增长，城镇化、工业化对耕地不断挤压占用，控制建设用地规模，确保耕地红线，成为保障国家粮食安全的根本出发点及重要战略举措。近年来，国家对土地用途管制的力度逐步加大，但耕地保护的压力却丝毫未缓解，耕地土壤环境质量不容乐观。按照国务院《全国国土规划纲要（2016—2030年）》（国发〔2017〕3号）提出的约束性指标，2020年耕地保有量目标为18.65亿亩，2030年为18.25亿亩。随着城乡建设用地不断扩张，农业和生态用地空间受到挤压，城镇、农业、生态空间的矛盾加剧；优质耕地分布与城镇化地区高度重叠，耕地保护压力持续增大，空间开发政策面临艰难抉择。2020年7月，自然资源部、农业农村部共同下发《关于农村乱占耕地建房"八不准"的通知》（自然资发〔2020〕127号），对触碰耕地保护红线的强占多占、非法出售等恶意占地建房行为"零容忍"。由此可见，以约束性指标即新增建设占用耕地规模、基本农田保护面积、城乡建设用地规模、耕地保有量、人均城镇工矿用地等构成的指标管控体系格局将会不断强化。

二、地区经济发展的非均衡性

一国的不同区域存在经济差异是国际上的普遍现象，中国也不例外。在改革开放之前，我国的经济建设主要是以计划经济为主导，实施了一种区域经济均衡发展的战略。这种战略的核心思想是在全国范围内合理分配资源，使得各个地区都能得到相对均衡的发展，从而缩小地区间的经济差距。这种发展模式在一定程度上确实取得了成效，为我国的经济发展奠定了坚实的基础。改革开放以后，为了促进国民经济快速发展，中央实施了区域经济非均衡发展和向东部倾斜发展的战略，东西部之间经济差距被快速拉大。经济快速发展的背后，是建设用地的快速增加与农用地的快速减少。基于支持经济发展考虑，中央通过计划管理方式，根据东西部经济发展进度及水平，对建设用地指标进行了分配。从运行实践看，计划下达速度远跟不上经济建设进度，经济发达地区对建设用地指标的需求远大于欠发达地区。时隔 20 年，中共中央、国务院于 2020 年再次布局西部大开发，明确提出在新增建设用地指标分配上进一步向西部地区倾斜，指标要素的经济调节功能再次发挥了重要作用。

第二节　建设用地指标的公权属性表征

一、制度依据——行政文件

2016 年至 2018 年，为进一步创新土地政策，支持脱贫攻坚工作，中共中央办公厅、国务院办公厅、国土资源部、财政部等单位先后印发了多个有关增减挂钩节余指标流转使用的政策文件（见表 2-1）。从文件名称及内容表述不难看出，建设用地指标跨区域交易被纳入了行政性的计划管理，与集体土地所有权人及集体土地使用权人未产生直接关联，更无民事权利的痕迹，属公权统筹的范围。

表 2-1　有关增减挂钩节余指标流转使用的政策文件

发文单位	文件名称	文号
国土资源部	《关于用好用活增减挂钩政策积极支持扶贫开发及易地扶贫搬迁工作的通知》	国土资规〔2016〕2号
中共中央办公厅国务院办公厅	《关于支持深度贫困地区脱贫攻坚的实施意见》	厅字〔2017〕41号
国土资源部	《关于支持深度贫困地区脱贫攻坚的意见》	国土资规〔2017〕10号
国务院办公厅	《关于印发跨省域补充耕地国家统筹管理办法和城乡建设用地增减挂钩节余指标跨省域调剂管理办法的通知》	国办发〔2018〕16号
国土资源部	《关于进一步运用增减挂钩政策支持脱贫攻坚的通知》	国土资发〔2017〕41号
财政部	《关于印发跨省域补充耕地资金收支管理办法和城乡建设用地增减挂钩节余指标跨省域调剂资金收支管理办法的通知》	财综〔2018〕40号

二、管理方式——计划管理

城乡建设用地增减挂钩政策既是对计划式资源配置方式的有效补充，也是城乡统筹发展的重要抓手。从对增减挂钩政策实践经验的研究可以发现，城乡土地资源粗放利用和新增用地指标稀缺是引发增减挂钩政策创新的倒逼力量，而实施乡村振兴战略和城乡融合发展对城乡用地资源统筹利用的要求，则诱致了增减挂钩政策与全域土地综合整治以及镇村规划体系进一步的整合、集成①。为了防止大量社会资金涌入农村，挂钩规模要严格控制在国家下达的指标范围内，并纳入土地年度计划进行管理②。按照国土资源《关于用好用活增减挂钩政策积极支持扶贫开发及易地扶贫搬迁工作的通知》（国土资规〔2016〕2号）的规定，增减挂钩节余指标可在省域范围内流转使用。而后制定的《关于印发跨省域补充耕地国家统筹管理办法和城乡建设用地增减挂钩节余指标跨省域调剂管理办法的通知》

---

① 彭敏学，黄慧明. 论"增减挂钩"在国土空间规划中的扩展适用：以土地发展权转移的视角 [J]. 城市规划，2021 (4)：24-32.

② 胡传景. 关于构建农村建设用地指标市场化配置平台的构想 [J]. 国土资源，2015 (1)：48-51.

（国办发〔2018〕16号），则将"流转"这一带有市场元素的词汇更改为带有计划色彩的"调剂"一词。同时，该文件确定了"国家下达调剂任务，确定调剂价格标准，统一资金收取和支出"的思路，由"国家统一制定跨省域调剂节余指标价格标准"，原国土资源部等部门共同"确定调剂规模"，"帮扶省份"提出调剂需求，财政部门按"核定的调剂资金额度"，将"调剂资金支出列入中央财政对地方财政一般性转移支付"。整个流程全面体现了政府对交易过程的把控，反映了对土地指标严格管控的思路。刚刚萌芽的建设用地指标市场化交易制度，遇到了一定的阻力。研究发现，我国现行新增建设用地"计划配置"模式不仅存在空间配置失灵，也因为指标具有时效性而存在代际配置失灵；指标交易静态体系虽然可以减少空间配置效率损失，但由于其对代际因素的忽略，造成交易体系的作用效果在现实中受限甚至失效；指标交易动态体系由于兼顾空间与代际双重因素，可以最大程度提升新增建设用地的配置效率①。

三、使用方式——定向使用

建设用地指标不同于一般的流通性商品，无法进入公开流通市场进行自由买卖，其使用主要集中在人均城镇建设用地水平较低、规划建设用地规模不足的优势地区，市、县政府是指标的主要需求主体；具体则须按照经批准的建新方案使用跨省域调剂节余指标进行建设，现实中政府也多将其用于重大产业项目或房地产开发项目等高价值项目。

在指标由市场定价的前提下，政府应明确主体职能，进行适当的调节与监管。例如通过信息平台及时发布信息，避免信息滞后，或者通过土地统征和储备中心对指标的收储和投放调节市场供求关系，避免指标价格暴跌或暴涨。此外，除了通过参与市场行为平抑指标的市场价格，政府还应从保护农民利益的角度出发，制定合理的基准地价与最低保护价。

---

① 王博，冯淑怡，曲福田. 新增建设用地指标交易：体系构建和效率提升［J］. 南京社会科学，2020（2）：27-35.

第三节　建设用地指标的私权属性表征

一、权利来源——集体土地所有权

作为农村集体土地所有者的村集体和实际使用者的农民，在这个过程中是被动的，这与中国土地发展权的归属有着深刻的联系①。有学者认为，建设用地指标应归土地所有者所有，即农民集体所有。国家可向农地所有者购买发展权，或允许建设用地指标在市场上交易与流转，这类似于美国模式。还有学者认为，在界定土地发展权的归属时应当尊重农民土地产权，不能因为国家宏观调控而抹杀了土地产权。若将土地发展权归于国家所有，在征地时，农民集体会丧失土地因转变用途所获增值收益的请求权基础，且农民权益会受到损害。

可交易的建设用地指标，来源于增减挂钩项目实施后的节余，即除去农民安置、强制预留后的部分。在人均宅基地面积较大的西部地区，通过增减挂钩项目的实施，往往能节余较多的建设用地指标。假设项目实施由集体经济组织独立完成，节余指标也不对外交易，集体土地所有权人当然成为指标的所有权人，在符合规划用途管制的前提下，有权决定将其落在本村组范围内的任何地方，用于发展乡村产业。调研中，通过与自然资源部门及乡镇干部的交流了解到，他们大部分还是认可该指标的所有权应属于集体所有。但由于我国现行法律体系中并无对其的界定，故其难以成为一项严格意义上的民事权利。在成都，自然资源部门对经验收后节余的建设用地指标颁发建设用地指标证书作为集体土地所有权人的权利凭证，这也是变相对权利人民事权利的认可。因此，以农村建设用地指标形式体现的土地发展权，应可纳入发展权移出区域集体土地所有权人的集体资产，以无形资产登记确认并进行管理，同时由自然资源部门以行政方式予以指标备案。

---

① 施思. 中国土地发展权转移与交易的浙江模式与美国比较研究 [J]. 世界农业, 2012 (10)：133-135.

二、交易方式——市场交易

市场配置具有弥补现行建设用地指标行政配置法律制度缺陷的功能，其本质是在行政配置基础上通过私权机制对建设用地指标进行再配置①。作为全国统筹城乡综合配套改革试验区的成都，早在 2008 年 10 月就成立了全国首家农村产权交易机构，通过市场化方式促进农村各类产权的流转交易。建设用地指标因政策制度的前瞻性设计，现已成了该交易所交易规模最广、交易金额最大、交易频次最高的交易产品。除成都市土地整治中心的建设用地指标可通过"持证准用"方式进入市场外，集体土地所有权人作为指标所有权主体，也可将指标放在交易所进行挂牌交易。未来可产生指标的农村土地综合整治项目，也可以期权方式预先进入流通市场进行交易。唯一的遗憾是，成都"持证准用"建设用地指标价格维持在 30 万元/亩上，未随着市场变化而变动，其市场属性体现得并不充分。2018 年，全国首例"村村挂"项目——泸县谭坝村农村宅基地退出节余指标拟交易至邛崃市仁和社区，因各种原因交易被中止，但其突破的方向仍然沿袭了市场化道路。

三、收益分配——集体自决

从源头看，建设用地指标大多是通过城乡建设用地增减挂钩或农村宅基地有偿退出项目的实施产生的，而是否参与项目均须以农民自愿为前提，即若村民们均不愿意参与项目，则建设用地指标难以产生。实践中，政府为满足其产业发展、财政收入增加等各类诉求，存在以政府力量动员项目施行的情形，但最终的决定权仍在集体手中。"是否算得过账"成为决定村民是否参与的主导因素，即居住环境是否有较大改善，生产半径扩大后是否在可接受范围内，集中居住后配套产业能否带来收入增加等均须纳入村民自行考量的范围。因此，特别是由宅基地自愿有偿退出产生的指标交易，更是需要以村民自愿为前提，其私权属性在前期阶段更加明显。

---

① 李新仓，刘怡文，阎其华. 建设用地指标市场配置法律制度的立法构建 [J]. 资源开发与市场，2018（2）：236-241.

第四节 兼顾公私属性的权利两面性

一、民事权利之土地发展权与行政权力之建设用地指标

至今我国并无土地发展权的法律制度安排，但实践中均认可不同地区建设用地指标的交易实为土地发展权的转移。土地发展权首先应该是一项私权利。土地发展权的设立，系基于国家特定的政策目标考量，然而在此过程中，亦需充分尊重并维护原土地所有权人固有的土地发展权益，不可忽视其既存权利。这种潜在的土地发展权，可能会因为国家政策目标需要而受到限制，但不能直接剥夺这一私权利，同时土地发展权确实有一定公权力的特点①。

土地发展权是私有产权与行政权综合作用的产物，兼有公共产权与私有产权的性质，是可与土地实体相分离的无体物权②。以法律属性而言，土地发展权属于私法权利而非公法权力范畴，源于所有权，是所有权的特殊权利内容，并且具有物权的绝对性和支配性特征③。我国土地发展权转让产生于国家公权力对集体土地所有权和用益物权的限制，这是由现行土地公有制这一制度安排决定的，制度的稳定性决定这一现状短期内无法改变④。

事实上，建设用地指标与土地发展权可看作"一个硬币的两面"。我国城市土地开发强度管制宜采用公私法合作模式，这是"最不坏"的选择。当然，这一做法亦是土地发展权价值最大化实现的实质要求⑤。政府

---

① 吕云涛. 英美法三国土地发展权及其移转制度比较研究 [J]. 世界农业, 2016 (11): 98–102.

② 朱一中, 杨莹. 土地发展权: 性质、特征与制度建设 [J]. 经济地理, 2016 (12): 147–153.

③ 方涧, 沈开举. 土地发展权的法律属性与本土化权利构造 [J]. 学习与实践, 2019 (1): 57–65.

④ 朱嘉晔, 黄朝明, 詹丽华. 土地发展权转让制度的再思考 [J]. 安徽农业科学, 2015 (6): 303–307, 317.

⑤ 张先贵. 中国语境下土地发展权内容之法理释明: 立足于"新型权利"背景下的深思 [J]. 法律科学 (西北政法大学学报), 2019 (1): 154–168.

更倾向于将其作为因政府规划、计划及用途管制权力而产生的行政"附属品"。而集体土地所有权人更愿意将其作为因集体土地所有权而衍生出来的发展权利或未来用于建设的权利。当前，因权利体系中并无法律意义上的土地发展权，加之政府公权力具有相对优势地位，建设用地指标的公权属性在实践中更具主导性，由此带来的影响则是集体土地所有权人对建设用地指标权利的主张及交易过程的表达不够，权益难以得到充分保障。2018年，四川泸县谭坝村与四川邛崃市仁和社区以集体土地所有权人身份签订宅基地退出复垦节余指标交易意见协议。根据协议，仁和社区以28.5万元/亩的价格购买谭坝村节余指标300亩。据了解，"村村挂"模式最终被上级部门以缺乏监管等为由终止了交易，这更加凸显了建设用地指标的公权特征。

二、与排污权指标、碳排放权之对比分析

比较来看，发轫于西方发达国家并至今大行其道的各种污染权交易、碳交易和土地发展权交易，本质上都还是科斯的理论洞见在实际政策领域的应用[1]。与建设用地指标权利属性类似的，还有排污权与碳排放权。这三类权利在我国民事权利体系中均无法律定位，三者的相同之处在于指标均由政府进行计划管理，交易制度规则由政府制定，且交易须进入政府搭建的统一市场。以《成都市排污权交易管理规定》（成都市人民政府令第175号）为例，该规定明确"经市环境保护行政主管部门核准进入环境交易机构转让排污权指标的排污单位是转让方，经市环境保护行政主管部门核准进入环境交易机构受让排污权指标的排污单位是受让方"。按照生态环境部、市场监管总局《温室气体自愿减排交易管理暂行办法》（生态环境部 市场监管总局令2023年第31号）的规定，在注册登记系统和交易系统开设账户并从事核证自愿减排量交易的，均可作为交易主体，但参与交易的项目、产生的减排量以及交易机构，均须在国家主管部门备案和登记。排污权或碳排放权均对公共利益有重大影响，由政府进行规制掌控有其必要性，市场交易主体虽为民事权利主体，但交易产品为公共利益所需。建设用地指标交易的主要目的是满足发达地区经济建设需要，同时由

---

① 汪晖，陶然. 论土地发展权转移与交易的"浙江模式"：制度起源、操作模式及其重要含义 [J]. 管理世界，2009（8）：39-52.

转出区域集体经济组织承担耕地代为保护责任,其私权属性更加明显。

目前我国推行的从计划到市场、土地增值收益向集体和农民倾斜等改革,可视为在承认国家土地管制权的根本正当性基础上,完善具体制度安排,平衡公权与私益,进而巩固土地管制制度的合法性①。因此,我国学界虽已对土地发展权有较多研究,但因该权利在我国法律中并无明确规定,实践中仅以增减挂钩节余指标为形式载体,现已逐步演化为土地行政管理的"附属工具",而忽视甚至剥夺了权利或称指标的私权属性。这可能导致集体土地所有权及使用权人的正当权益被侵害。故有必要在民事法律中对其予以正名,如可将其纳入《中华人民共和国民法典》第一百二十六条规定的"民事主体享有法律规定的其他民事权利和利益"。

综上所述,我国现行的城乡二元土地制度形成于计划经济时代,是为满足当时优先发展工业的战略需要而产生的。土地计划管理制度衍生出了"建设用地指标"的概念,即农用地转为建设用地须受到国家土地规划与计划管理的公权影响。无可否认的是,建设用地指标产生自"牺牲"转出地建设用地规模即土地发展权,它依附于集体所有的土地,源于集体土地所有权人和使用权人对土地享有的物权,其私权属性特征也是极为明显的。因此,建设用地指标的公私权利兼备属性,亟待在制度设计中予以恰当体现,为其寻找到合理的法律定位与权利边界,将为全国性交易市场搭建打牢制度基础。

建设用地指标产生于国家基于耕地保护而对土地实施的严格管制,从产生目的看,具有较强的行政属性与公权特性;但从产生的来源及用途目的看,它以"牺牲"转出区域经济建设发展为代价,满足了经济发达区域更高的发展需求。因此,其私权属性同样明显。它虽与排污权及碳排放权具有一定的相似性,但本质上却仍有较大区别。从国外实践看,它具备了单独作为民事权利的基本特性,故应承认建设用地指标作为土地发展权的权利属性,将其作为集体土地所有权下的收益权能之一认定,可以更好地满足建设用地指标未来市场化的需要。

---

① 彭錞. 土地发展权与土地增值收益分配:中国问题与英国经验 [J]. 中外法学, 2016 (6): 1536-1553.

第三章 建设用地指标跨区域交易的理论基础

第一节 建设用地指标跨区域交易的经济学理论基础

一、产权理论

产权理论认为，经济学需要解决的是因资源的稀缺而产生的利益碰撞，必须运用某一种规则即产权制度来化解这种碰撞。产权经济学是一门研究产权制度如何影响经济运行、资源配置和社会福利的学科。它主要通过产权结构的界定、合理配置和适时变更，来最大限度地降低甚至消除由市场化手段运行所带来的社会成本费用，尤其是外部性问题。通过这种方式，可以提高经济运行效率，优化资源配置，从而提高社会经济福利。同时，产权经济学还能推动技术进步、促进经济增长。具体来说，产权经济学关注的是如何通过明确和保护产权，使得个体和企业在其经济活动中能够更好地激励和约束自己，减少信息不对称和道德风险问题，从而降低社会成本。当产权得到有效保护时，个体和企业会更加积极地投入创新和生产，提高生产效率，推动技术进步。此外，合理的产权配置还能够促进资源在不同领域和行业之间的流动，使得资源得到更加优化的配置，提高社会整体福利水平。

在我国，产权经济学的研究和应用正日益受到重视。政府通过制定和完善相关法律法规，明确各类产权的界定和加强对其的保护，降低市场化运行的社会成本，提高经济运行效率。同时，我国也在不断推进各个领域包括企业、农村等领域的产权制度改革，以激发市场活力和社会创造力，推动经济持续健康发展。

《牛津法律大辞典》对产权的定义为：财产权应视为若干独立权利的集合体，而不应视为单一的权利类型，集合体中的一些或很多独立权利可以在维持原所有权主体的情况下转让[①]。德姆塞茨认为，产权的重要意义在于能够事实上帮助社会上的某一个人形成与其他人进行交易时的预期，这种合理预期以习俗、道德和法律的形式表现出来。产权是一种社会工具，包括特定的某一个人或者其他人受损或受益的权利[②]。

一般来讲，产权具有如下几个基本功能：一是约束与激励功能。约束与激励是相辅相成的，事实上，约束就是一种负向的激励。产权关系里面既包含了利益关系，同时也包含了责任关系。从利益关系来说是一种激励，而从责任关系来讲就是一种约束。二是外部性内在化。德姆塞茨指出，产权的一个重要功能就是引导人们实现激励，具体方式是将外部性较大地内在化[③]。产权通过确定人们如何受损或受益得出主体之间的补偿指向，以便修正主体所采取的行动。该种观点可能会让产权和外部性建立紧密的关系。在产权经济学看来，只有当把成本内部化的好处大于付出的代价时，产权的演变才能让外部效应内部化。换句话说，只有当内在化的收益大于成本时，产权的变革才能让原本外在的影响变得内在化。三是配置资源功能。产权配置的中心任务是要表明产权的内容如何以特定的可以预期的方式影响资源配置和使用[④]。因此，不同性质的资源需要不同的产权形式与之对应，恰当的产权安排，是生产资源得以最大化使用和优化配置的前提条件[⑤]。

建设用地指标是土地产权体系中的一类，对其进行研究与界定，有助于唤醒权利人即农民集体经济组织和农民对其的权利意识，激励他们通过

① 《牛津法律大辞典》[M]. 北京：光明日报出版社，1988：729.

② 科斯，阿尔钦，诺斯，等. 财产权利与制度变迁 [M]. 上海：上海三联书店，上海人民出版社，1966：97.

③ 德姆塞茨. 关于产权的理论 [M] //科斯，等. 财产权利与制度变迁. 上海：上海三联书店，1991.

④ 菲吕伯顿，平乔维奇. 产权与经济理论：近期文献的一个综述 [M] //科斯，等. 财产权利与制度变迁. 上海：上海三联书店，1994：98.

⑤ 朱巧玲. 产权制度变迁的多层次分析 [M]. 北京：人民出版社，2007：153.

市场化的方式让权利价值得以最大化。建设用地指标市场化交易的功能，则体现在发展权转出区权利人因丧失发展权而应接受来自发展权获取人的对价补偿，这与中央提出的缩小征地范围，构建兼顾国家、集体、农民三方利益的土地增值收益分配机制的改革要求一致。同时，政府对建设用地指标的初始配置，实际上是对发展权资源的配置，而只有产权安排或配置方式恰当，才能让土地发展权发挥更大作用。

二、制度变迁理论

制度变迁是制度的替代、转换与交易过程[①]。作为一类特殊的"公共产品"，制度在性质上与其他各类产品有着共通之处，亦即在它的替代、转换以及交易过程中，同样面临着众多技术层面和社会层面的约束条件。这些条件既包括了制度自身发展的内在规律，也涵盖了社会公众对制度认可和遵守的外在压力。从技术角度看，制度的替代和转换需要考虑到实施的可行性、效率以及成本效益，同时还要确保新的制度能够与现有系统兼容，并在过渡过程中保持稳定性和连续性。在社会层面上，制度的交易活动必须符合社会主流价值观和道德规范，得到大众的广泛认同和支持，否则将难以在社会中生根发芽，更谈不上推动公共利益的均衡和社会的和谐发展。此外，制度的更迭还必须兼顾不同利益相关方的诉求和权益，避免因制度变革而引发社会矛盾和带来不稳定因素。因此，制度作为一种公共产品，其设计和实施都需要精心规划，以确保其能够在复杂的社会环境中发挥应有的功能，实现其预定的目标。

制度变迁从某种意义上讲可解释为效益较低的制度被效益更高的制度所代替的过程。对于制度变迁除了一般理论分析模型外，新制度经济学还提出了诸如诱致性制度变迁和强制性制度变迁。在实际生活中，两类变迁方式是很难截然划分开的。它们相互联系、相互制约，共同推动社会向前发展。

所谓诱致性制度变迁，指由某个人或某群人为争取获取利益的机会而自发倡导、组织与实行的，为变更或代替现行制度安排或创设一种全新制度安排的行为。诱致性制度变迁发生的动因来自因制度不均衡所产生的获

---

① 卢先祥. 西方新制度经济学 [M]. 北京：中国发展出版社，2003：79.

利机会。从最初的制度均衡，发展到制度不均衡，又回归到制度的再次均衡，如此循环，演绎了人类制度变迁的整个过程①。与诱致性制度变迁不同，所谓强制性制度变迁，系指通过政府或当权者强制命令或制定法规来引入及实现的制度替代，它可以仅由于公民要求对现有收入分配体系进行重新构建而发生。两类制度变迁的代表性模型虽有较多差异，如在引起制度变迁的主体、制度变迁带来的优势以及变迁后面临的种种问题等方面存在不同，但同时也有许多共通之处，如两者都须遵循成本—收益比较的基本定理，都是对制度不均衡的集中反映等②。

制度变迁的整个过程与创新活动密切相关。虽然最初的制度安排发生变迁主要是因为某种潜在利润引发了新的制度需求，但创设一项新的制度安排需要集合大量的人力、时间及资源。因而，这种新型的制度变迁是否发生还有赖于成本高低，只有为获得创新利润而支付的成本小于可获得的利润时，制度创新才有实现的可能。也即是说，在创新的预期成本小于预期净收益时，制度变迁才可能最终成功。

由于我国实行社会主义土地公有制，国有与集体的土地双轨制长期存在，新增国有建设用地的方式只能通过对集体土地实施征收实现。在土地征收制度尚不完善的情况下，各地曾出现征收程序不规范、补偿标准过低，甚至"以租代征"等情形。为改变因制度不均衡导致的获利机会不同，让城市与农村土地能够在同一市场、同一规则下交易，2019 年新修订的《中华人民共和国土地管理法》已规定农村集体经营性建设用地可以入市，而以建设用地指标市场化交易为核心的制度变迁也应尽快被提上立法日程。

三、级差地租理论

马克思的地租理论是以土地所有权已经确立、土地所有权与土地经营权分离为前提来阐述的，它告诉我们，产权明晰状态下的土地经营，不论是对土地所有者还是对土地经营者，都能激发起他们追逐利益最大化的积

---

① 林毅夫. 关于制度变迁的经济学理论：诱致性变迁和强制性变迁 [M] //科斯，等. 财产权利与制度变迁：产权学派与新制度学派译文集. 上海：上海三联书店，1991：384.
② 卢先祥. 西方新制度经济学 [M]. 北京：中国发展出版社，2003：113.

极热情①。马克思对资本主义地租的分析始于对农业地租的分析。马克思认为，资本主义级差地租的重要来源是产品社会生产价格与个别生产价格的比较差额，它主要被经营优良土地的资本家所获取并最终归结为土地所有者取得超额利润，由于利润高低与土地等级直接相关，故称之为级差地租。尽管我们可以说，优越的土地自然条件是资本主义地租产生的诸多条件中的一个，但这只是超额利润产生的自然基础，并不是其产生的真正源泉。实际上，资本主义级差地租的根本形成原因，应该主要是土地稀缺性所带来的资本主义经营垄断。这是因为资本主义经营者掌握了这些有限的优越自然条件，能够稳定地获取并保持超额利润。在土地所有权有明确定义的情况下，级差地租实际上是由这些超额利润转变而来的，并且最终归土地所有者所有。因此，马克思的级差地租理论指出土地所有权并非创造超额利润的根本原因，而仅是让它转化为地租形式的产权基础②。

级差地租的核心特征可归纳如下：首先，级差地租的存在以一般生产价格为先决条件，且并不介入商品一般生产价格的构成过程；其次，级差地租的获取并不直接导致其所依托的劳动生产力或所占用资本的绝对数量增长；再次，自然力不是形成级差地租的超额利润的源泉；又次，土地所有权让超额利润变为地租，地租又产生了土地价格这个不合理的表现；最后，土地所有权与剩余价值创造之间无任何关联③。

建设用地指标从非优势地区交易到高质量产业聚集的优势地区，由此产生的土地增值收益即通常所指的级差地租。按照级差地租理论，土地增值收益产生的根本原因并非土地肥力等自然条件，而应归结为土地稀缺性。建设用地稀缺性带来的是土地用途严格管制或垄断，正是因为这种垄断的存在，才能够保证建设用地指标人获取稳定而持久的土地增值收益。

四、区域经济理论

区域经济理论是研究生产资源在一定空间或区域进行优化配置与组

---

① 张勇. 马克思地租理论对中国农地制度改革的启示 [M] //王振中. 中国农业、农村与农民. 北京：社会科学文献出版社，2006：35.

② 中共中央马克思恩格斯列宁斯大林著作编译局. 马克思恩格斯全集 [M]. 北京：人民出版社，1995：729.

③ 洪远朋. 资本论教程简编 [M]. 上海：复旦大学出版社，2006：508.

合，以获得最大产出或收益的学说。生产资源尤其是土地资源是十分有限的；但有限的资源在区域内进行优化组合，可以获得尽可能多的产出或收益①。各理论在区域资源配置的重点、分布及方式选择上持有不同观点，进而形成了各具特色的理论派别。土地开发利用区域分异研究以杜能的农业区位论、克里斯塔勒的中心地理论、廖什的经济景观论、韦伯的工业区位论等经典区位理论为基础。四大经典理论对现代区域经济发展的启示包括：①应使城市土地利用结构合理化；②注意集聚效益、规模效益和外部效益；③寻找最低成本区位；④注意空间结构变化和运输效果等问题与社会分工发展的因果关系②。

　　资源的自然空间结构和千百年来土地经济利用的结果，形成了土地区位的差异，同时也形成了各项用地特殊的区位要求。研究发现，土地利用存在极强的区位效益差别。同时，土地面积的稀缺性又是不可忽视的，区位效益高的土地就更为稀少。因此，在实施土地资源的分配与规划时，必须依托区域经济学的理论基础，深入分析和研究，精心制定出各种不同区位土地的最佳利用策略和实施路径。这要求对土地的属性、位置、交通条件、市场需求等多方面因素进行综合考量，以确保每一块土地都能发挥出最大的经济价值，实现土地利用的整体优化。通过这种方法，不仅可以提升土地资源的使用效率，还可以促进区域经济的均衡发展，确保土地资源配置的合理性和科学性，进而提高土地利用的整体经济效益。这是一项系统而复杂的工程。

　　建设用地指标的转出区域与转入区域实际上是区域经济不均衡发展的两端代表，而建设用地指标市场化交易设计的目的在于通过发展权的有偿转移，让经济发展较慢的区域以资源换取资本，经济发展较快的区域以资本换取资源，从而形成良性的双向互动机制，在保障优势地区产业发展的同时，不损害非优势地区的根本利益，从而促进区域经济间的协调发展。

---

① 俞立平，周曙东. 我国地区间互联网发展差距的实证研究：以网站为例 [J]. 生产力研究，2006（10）：98-100.

② 郭鸿懋，江曼琦，陆军，等. 城市空间经济学 [M]. 北京：经济科学出版社，2002：10.

第二节　建设用地指标跨区域交易的法学理论基础

一、物权行为理论

何为物权行为理论，一直是一个极有争议的问题。归纳起来，主要有以下几种观点：①目的说，认为物权行为是以物权变动为目的的行为。②效果说，认为物权行为是发生物权效果的行为。③内容说，认为物权行为是以物权直接变动为内容的法律行为。④要件说，认为物权行为是由物权变动的意思表示与特定形式相结合的法律行为[①]。

物权行为理论的主要内容是区分原则和无因原则。区分原则，作为法律领域的一项基本原则，其核心在于明确区分债权行为（亦称负担行为）与物权行为（或称处分行为）。此二者在法律上被视为两个独立且互不隶属的法律行为，它们各自拥有独特的成立与生效要件，因此具备可分离性。具体而言，债权行为的效力仅及于当事人之间，旨在确立双方之间的债权债务关系；而物权行为则直接关联于物权的变动，其法律效力更为深远，旨在引发物权状态的实质性改变。无因原则主要包括外部无因性和内容无因性。外部无因性即处分行为的效力不依存于原因行为，物权法律关系不受债权行为丧失的影响，即一个行为的无效不会影响到另一个行为的效力。内容无因性是指物权行为不具有目的性[②]。

在引起物权变动的法律事实中，最为重要的是法律行为。《中华人民共和国民法典》第二百零八、二百一十五条[③]规定了债权形式主义。上述规定可以解释为物权变动的成因行为与物权变动的结果行为是两个不同的概念。登记并不是针对物权变动的成因行为，而是针对不动产物权变动采取的一种公示手段。虽然作为物权变动的成因行为是有效的，但这并不代

---

① 田士永. 物权行为理论研究 [M]. 北京：中国政法大学出版社，2002：10-16.
② 沃尔夫. 物权法 [M]. 吴越，等译. 北京：法律出版社，2002：203-205.
③ 《中华人民共和国民法典》第二百零八条规定："不动产物权的设立、变更、转让和消灭，应当依照法律规定登记。动产物权的设立和转让，应当依照法律规定交付。"第二百一十五条规定："当事人之间订立有关设立、变更、转让和消灭不动产物权的合同，除法律另有规定或者当事人另有约定外，自合同成立时生效；未办理物权登记的，不影响合同效力。"

表它一定会导致物权变动的效果发生。然而，这并不意味着物权变动还需要当事人达成一种与"债权合意"不同的"物权合意"①。

物权公示乃是通过既定途径将物权变动之意图向公众广而告之的过程。在现代各国法律体系中，针对物权公示的具体方式，无论是遵循形式主义原则，还是秉持意思主义立场，均将登记视为不动产公示之主要手段，而将交付作为动产公示之核心方式。《中华人民共和国民法典》及相关法律法规亦明确确立了交付与登记作为物权公示的法定方法，确保了物权变动的透明性与公信力。

建设用地指标从本质上讲是一项物权，建设用地指标的交易同样属于物权变动行为，需要符合物权变动的一般特征。而由于建设用地指标目前尚未在《中华人民共和国民法典》中得到明确，故其变动的原因、登记、公示等相关内容还需在现有物权行为理论的基础上进一步充实完善。

二、契约自由理论

契约自由理论最早起源于罗马法，其含义是：当事人拥有自主决定是否与他人建立、修改或终止合同关系的权利，这是他们的基本权利，任何其他单位或个人都无权进行非法干预。这一权利保障了当事人的合同自由，确保了他们的合法权益不受侵犯。在实践中，当事人可以根据自己的意愿和需要，自由选择是否与他人签订合同，以及如何约定合同的内容和条款。同时，他们也有权在合同履行过程中，根据实际情况的变化，对合同进行修改或解除。这是市场经济体制下，保障当事人权益，促进交易自由、公平的重要原则。查士丁尼《国法大全》中关于诺成契约的规定就包含了现代契约自由的思想。契约自由原则在法律上的出现始于近代的《法国民法典》。20 世纪以后，资本主义进入垄断时期，资本主义社会发生了两次世界大战和世界性的大危机，为了摆脱危机，各资本主义国家主张扩大国家的经济职能和对经济生活的干预，于是导致了对合同的立法方针和社会见解的根本变化。契约自由被认为仅在有同等经济实力的当事人之间且在不损害社会公共利益的范围内，才是一种社会理想。尽管当代资本主义国家通过立法对契约自由原则作了限制，但并没有动摇契约自由原则在

---

① 马俊驹，余延满. 民法原论 [M]. 北京：法律出版社，2010：304.

合同法上的重要地位①。

新中国成立以来，由于经济体制的原因以及受苏联民法理论的影响，国家计划被长期片面强调而当事人的契约自由被否认。随着改革开放的到来，契约自由原则逐步被我国合同立法所吸收，我国经济体制改革与市场经济发展必然要求以契约自由为基础。当然，契约自由也并不是绝对的，而是相对的，它应当受到我国民法的基本原则如公平原则、平等原则、诚实信用原则和公序良俗原则的限制，而且国家可根据宏观调控经济的要求和维护社会经济秩序的需要，通过指定特别法予以限制。不过，基于我国自身国情和历史原因，在社会主义初级阶段，强调契约自由原则显然比在其他国家具有更深远更现实的意义②。

建设用地指标的市场化交易属于交易双方就权利转移而达成的意思表示行为，交易行为用契约进行固化。契约需建立在双方充分自愿的基础上，任何一方不得强制另一方达成交易，尤其是发展权转入方不得强行要求转出方即农村集体经济组织和农民出让其发展权，这是对发展权人合法权益的侵害。

三、地役权理论

地役权创制于罗马法的役权，是指为特定土地或特定人的便利和收益而利用他人之物的权利③。罗马法学家普遍认为，地役权是对不动产土地的权利，是需役地人为自己土地的方便和利益，而对供役地人设定的权利。近年来，我国学者们在地役权领域也做出了相当系统的研究，他们对地役权的定义和内涵进行了深入的剖析和阐释；不仅对地役权的法律性质、权利内容和法律效力等方面进行了详尽的探讨，还对其在土地管理、土地利用和土地权益保护等方面的应用进行了广泛探索。佟柔认为，地役权是指土地所有人或使用人为了满足自己土地的某种便利的需要而使用他人土地的权利④。台湾学者史尚宽认为，地役权乃为增加一定土地（需役

---

① 宋国兵，赵晋耀."契约自由"的演进 [J]. 科学之友（B版），2008（3）：113-114.
② 江平. 罗马法精神在中国的复兴，载于杨振山主编：《罗马法·中国法与民法法典化》[M]. 北京：中国政法大学出版社，1995：25-37.
③ 周枏. 罗马法原论（上）[M]. 北京：商务印书馆，1994：360.
④ 佟柔. 民法原理 [M]. 北京：法律出版社，1988：152.

地）之利用价值，使其支配及于他土地（供役地）之权利①。《中华人民共和国民法典》第三百七十二条②对地役权予以了明确规定，是指依据设立合同中规定的目的，土地上的权利人（包括土地所有权人、土地使用权人）为实现自己土地的利益而使用他人土地的权利。

地役权具有如下几个法律特征：一是地役权是存在于他人土地之上的物权。二是地役权是为需役地人的方便而设定的物权。所谓便利，指便利相宜或方便利益，此种利益不以经济上的利益为限，如《意大利民法典》第一千零二十八条规定："除经济利益外，需役地本身具有的较多的方便条件或者环境也是便利。同样，需役地本身具有的工业用途也是一种便利。"三是地役权不以对供役地的占有为要件。四是地役权之设立可有偿亦可无偿。五是地役权的内容由当事人自由设定，但不得以其他用益物权为内容。

现代民法上的地役权制度随着经济社会的快速发展，不但具有提高物的经济价值、增加物之利用人的精神享受的功能，同时还能进入交易领域（如竞业）、补充城建区划（如集合地役权或所有人地役权），其功能得到不断加强。同时，随着经济的不断发展，地役权具有了更新的功能，一些发达国家将地役权用于环境保护的作为尤其引人关注。当事人之间通过设定地役权来预防其中一方行使权利时对环境造成的破坏，已取得长期的良好效果③。

不同于其他物权，地役权是一项更为开放的权利，随着经济社会的不断发展，它的功能得到进一步的延伸。通过地役权理论来设定建设用地指标的市场化交易制度，能够将发展权转出方与转入方紧密地捆绑在一起，正如供役地权利人与需役地权利人的关系一样，二者既相互独立，又相互依存、缺一不可。

---

① 史尚宽. 物权法论 [M]. 北京：中国政法大学出版社，2000：220.
② 《中华人民共和国民法典》第三百七十二条规定："地役权人有权按照合同约定，利用他人的不动产，以提高自己的不动产的效益。""前款所称他人不动产为供役地，自己的不动产为需役地。"
③ 刘乃忠. 地役权法律制度研究 [M]. 北京：中国法制出版社，2007：141-142.

第四章　国内外建设用地指标跨区域交易实践及启示

第一节　国外建设用地指标跨区域交易实践及启示

一、英国的实践及启示

1947 年，为解决土地增值以及增值后对土地权利人的补偿问题，英国首先创设了土地发展权制度，成为世界上最早建立土地发展权制度的国家。该制度的设立对英国在第二次世界大战后的土地利用方式转变产生了非常大的影响，并受到当时各界的高度关注。第二次世界大战结束后，受重建国家和人口激增等的多重压力，英国着手城市规划与土地利用方面的创新改革，在前期研究的基础上，先后颁布了《关于有计划分散产业和人口的巴罗报告》《阿斯瓦特报告》《关于保护田园部分的斯考特报告》。上述三个报告对第二次世界大战后英国的土地开发与利用起到了关键作用。尤其是 1942 年公布的《阿斯瓦特报告》的诸多内容，对英国土地征收制度的改革起到了非常重要的作用。

创设一种对土地开发利用进行有效控制的机制，确保因开发而增值的部分归国家所有的制度得以继续，是英国设立土地发展权的最终目的。从全世界各国情况看，任何政府需要征收土地，如何合法、合理支付补偿金都是其必然面临的困境，也是一个需要妥善处理的问题；若处理不好，极易导致出现社会不公的现象并最终使得土地开发成本非理性增长。一旦政府公布拟征地的建设项目，土地所有权人为追求利益的最大化，必然乘机抬高土地价格，而如果按照提高后的非市场化土地价格支付补偿金，政府或用地单位需要支付额外的成本，这对支付方来讲有失公平。《阿斯瓦特报告》提出建立"改善金"制度，该制度的主要内容是当政府实施征地行为使一些人明显受益时，法律应当要求政府向这些人征收一笔税赋作为"改善金"；对于因实施征地行为而利益受损的某些人，法律规定政府应将补偿金支付给这部分人。但实际操作中有一个必须回答的问题：政府的征地行为究竟是使人受损还是受益。针对农村土地，《阿斯瓦特报告》认为，全国的农村土地需要实行土地发展权的国有化，该国《城乡规划法》明确规定，推行"土地发展权"国有化，所有私有土地未来的发展权转移由国家独占，归国家所有。其主要内容主要包括两方面：一是任何土地开发，必须符合政府计划的许可；二是在进行项目开发之前，必须首先完成土地开发税的缴纳工作。按照《城乡规划法》的规定，实行土地发展权国有化并不意味着土地性质的改变，私有土地的所有权性质不变，仍归原土地所有权人所有。私有土地所有权人在维持原有土地用途不变的前提下，方能行使占有、使用、收益及处分权，换句话说，耕地只能用于耕种，牧地只能用于放牧，变更土地原有用途的权利为国家垄断，私有土地所有权人或其他任何想要改变土地用途的人，如想将耕地转为建设用地，在未向政府购买发展权的情况下，不得进行下一步的具体操作。为公平起见，若系政府制定土地利用规划或土地使用权计划，改变原私有土地用途且导致土地价值损失的，政府有责任按土地价值贬损程度给予权利人合理的补偿，而补偿标准按用途变更后的土地自然涨价计算。政府支付的补偿一般包括以下几部分：一是变更土地开发许可导致土地权益价值的损失；二是变更土地开发许可，工程的实际开销，包括已实际完成的工程费、规划及其他预备事项的费用；三是变更土地开发许可所造成的直接损失。该种土地发展权的设置实质上构成了英国的土地用途管制方式。

影响英国土地发展权价值的重要因素有流通的期待价值和转移价值两类。针对前者，土地所有权人对土地开发可能引起的价格上涨是有一定预期的，由于此种预期会让投资人对土地的需求量增加，在土地总量一定的前提下，可能会导致公共利益受损。因此，土地法应以政府公共部门为主体，以确保期待价值的公平公正。在价值转移方面，应规定土地开发的增值部分以税金的方式收回并作为土地减价部分的补偿①。

二、美国的实践及启示

20 世纪上半叶，美国经济在新一轮工业革命的推动下飞速发展，土地资源被大量侵占、大量耕地迅速减少、城镇人口在短期内激增、城镇占地不断扩张等问题不断涌现。为解决上述问题，美国借鉴德国土地用途管制的相关规定，管制土地开发的密度与容积率，以加强政府对土地用途管制的职能。美国的土地用途管制主要通过土地分区技术规范土地利用，以控制城市规模的不断扩大，保护农地特别是耕地，同时保护环境。为此，美国联邦政府和各州政府制定了多项法规。例如，1916 年，纽约市公布了全美第一个综合分区管制规则，正式确定了土地开发利用的分区管制制度；1924 年，联邦政府商务部正式公布土地使用分区管制标准授权法案，这成为后来 40 多个州土地用途管制的模板；1936 年，联邦政府颁布了《水土保持和国内生产配给法》，强化了政府在土地利用管理中的角色。之后 23 年的运行实践表明，土地用途管制立法并没有达到预期效果，耕地被侵占的情况依然严重。经过对土地政策的反思，美国政府认为土地用途管理制度失效的根本原因是激励机制的缺乏，被占地的农用地所有者与使用者没有得到合理的经济补偿。因此，美国于 1960 年底在继续坚持严格的土地用途管制的基础上，启用了土地发展权制度。该制度自实施以来，在有效保护耕地及被占地农地所有者利益方面起到了较好作用，后又逐步扩展应用至保护风景资源、生态环境及历史意义建筑等方面。

美国土地发展权的基本观念是发展土地的权利是可从所有权分离而单独行使的权利。美国土地发展权制度设计与其他国家的最大不同的是效率优先，无论是发展权的转移还是征购，均规定土地发展权归原土地所有者所有。在此制度设计下，不管土地发展权是转让给地产商，还是被政府征购，农地所有者都继续拥有耕种原土地的权利，与此同时，还可获取一笔可观的经济补赔偿。这样原农地所有者保护农地的积极性被极大地调动了起来，实现了制度设计的初衷。

美国土地发展权的运作主要有以下两种途径：一是土地发展权征购

---

① 刘国臻. 论英国土地发展权制度及其对我国的启示 [J]. 法学评论，2008 (4)：141-146.

（PDR）制度，二是土地发展权转移（TDR）制度。

（一）土地发展权征购制度

所谓土地发展权征购，系由美国各州及地方政府利用公共资金将土地所有者手中的发展权购买过来，确保由政府掌握该土地发展权[①]。土地发展权的征购一般由政府主导实施，其征购资金主要有以下两个来源：一是公共资金，该部分资金占到了绝大部分，包括联邦政府的农地保护基金、财政拨款、税收、彩票收入以及财政拨款等；二是非公共资金，包括公司企业法人或个人的捐助资金。

对有意转让土地发展权的土地所有者或使用者来说，向当地政府的农业保护委员会提交转让申请是首先需要完成的手续。农业保护委员会审查土地的基本情况，主要是综合评估土地的生产能力是否适合农产品的生产，生产是否具有可持续性以及与其他相关土地的距离有多远、周围环境如何等。在综合评估的基础上，通过基本公式的计算确定价格。美国有的州也允许通过协商确定土地发展权的价格。当征购双方就征购事宜达成一致后，双方签字后协议生效并具有法律效力。协议的内容除了包括土地发展权的价格、范围、时效等外，还包括了允许土地所有者将来在该土地上因特定目的（如解决子女居住问题）建造一定的房屋等。征购协议生效不仅需要双方签字，还需要履行备案手续。为了确保发展权受限土地的权利人能够履行协议约定的保护责任，农业保护委员会需要对土地使用情况进行日常监督。土地发展权发生征购后，土地所有者仍然可以处分其土地使用权，但无论权利让渡多少次，受让的土地所有者都必须遵守前面征购协议约定的土地使用限制性规定。

（二）土地发展权转移制度

所谓土地发展权转移，系土地用途受农用地转用限制的土地所有者将其地上发展权让渡给受让人，受让人因此获得发展权并支付对价，购得的发展权可与自有土地上的发展权相叠加，且受让人可对自有土地进行额外开发[②]。土地发展权转移的前提是预先确定土地发展权转出区与转入区。

[①] 刘国臻. 论美国的土地发展权制度及其对我国的启示 [J]. 法学评论, 2007（3）: 140-146.

[②] 刘国臻. 论美国的土地发展权制度及其对我国的启示 [J]. 法学评论, 2007（3）: 140-146.

土地发展权转出区是指根据规划需要特殊保护的区域，它一般来讲包括了耕地、野生动植物保护区、自然资源保护区以及具有特殊历史意义的建筑物及构筑物等。被划定为土地发展权转出区的土地所有者有两种选择：一是继续保留土地发展权，按原土地利用规划确定的用途对土地进行使用；二是转移土地发展权，从而获取一定的经济补偿。受让土地使用权的土地所有者可继续耕种土地，但需保持原土地用途。土地发展权转入区是根据规划可进行开发建设的地区，一般情况下是城镇的中心区域，有较大的土地开发利用价值。在转出与转入区划定后，按照美国土地发展权对权利价值的判断，需要首先评估发展权的市场价值，一般来讲，该价值是该土地包含发展权在内的所有价值减去不包含发展权的土地价值①。

土地发展权转移的范围除有空间限制外，还有规模要求。如纽约市为了保护历史建筑而推出的发展权转让计划，要求申请移入者必须确保转让所得与建筑维修费等费用相当，以最大限度达到保护目的，避免土地发展权转出计划的盲目性。接受发展权土地，其地上建筑物的可修建面积原则上不能超过原规定的20%，以防止发展地区接收过多发展权，使公共设施负担沉重。在美国，不同地区对于土地发展权的转换方式并没有一个统一的模式。各地根据自身实际情况，采取灵活的策略，通过市场机制与政府干预的有机结合，来促进土地资源的合理利用和开发。这种因地制宜的做法，旨在最大限度地保护土地所有者的权益，同时确保土地资源的可持续利用。

三、法国的实践及启示

在 20 世纪 50 年代，法国通过一系列法规的颁布，对其城市建设和规划领域的法律框架进行了全面完善。此举旨在从政府层面积极推行土地政策，以遏制土地私权的滥用现象，并针对由城镇化和工业化进程所引发的城市居住环境恶化、建设密度过高以及环境污染等严峻问题，提出有效的解决方案。为了进一步有效解决上述挑战，法国政府于 1975 年正式颁布了《改革土地政策的法律》，该法律的出台标志着法国在土地政策改革方面迈出了重要的一步。该法律创设了土地干预区制度和"法定密度极限"

---

① 陈名村，孙颖. 美国土地发展权制度对我国的借鉴意义 [J]. 决策与信息（财经观察），2008（8）：74-75.

（PLD）制度，这两项制度构成了法国土地发展权的运作方式。

（一）土地干预区制度

法国的土地干预区制度允许城镇进一步扩大对已有市区的优先购买权，它是指政府或公共机构在法律授权的范围内，对于土地所有者打算出售的土地拥有优先购买的权利。这种权利保障了政府或公共机构在土地交易中的主导地位，确保了它们在土地市场中的特殊权益。事实上，法国对农用地转为建设用地的认识比英国和美国都更为深入。根据法国阿尔方斯·阿莱的名言，城市历来建于农村，城市化就意味着将农用地变为建设用地。农用地转变为建设用地和城市化过程相伴随，而城市化是缓慢的，刚开始不明显，大部分进程在悄然发生。农用地转为建设用地，将由于房地产市场中不断抬高的建设用地价格而悄然发生。因此，政府应事先干预农用地转变为建设用地的社会关系①。

优先购买权制度始于1958—1960年，它使政府对极易遭受破坏的区域实行地区性干预。这些区域涵盖了延期整治区、敏感性地区内某些区、土地调整区以及利用土地整理和乡村建设占用的农业耕地。土地优先购买权制度的实施具有极为重要的意义：一是为保护社会公共利益，对土地补贴机制施加影响；二是控制房地产市场运行，减少土地市场自由放任所造成的自发性和盲目性。法国国家购买土地发展权的资金来源于储蓄及信托银行提供的经营贷款、国家筹集的预算贷款、全国土地及城市整治基金组织提供的贷款、国家税收补助和其他资金。由此可见，法国土地干预区制度对农业土地所有权人的开发土地权利是予以承认的，但规定国家具有优先购买的权利，它可通过征收或优先购买的方式将这些农村土地开发权从个人手中买过来②。这与美国的基于TDR的土地发展权转移制度类似，通常此种方式也较为有效。

（二）"法定密度极限"制度

"法定密度极限"（PLD）也称容积率上限，是指政府对土地所有权人在自有土地上进行开发建设的建设权确定了上限，开发者可在该限度范围内自主处理，超过限度的那部分建设权则归国家，但开发者可以通过向政

---

① 汪振江. 农村土地产权与征收补偿问题研究 [M]. 北京：中国人民大学出版社，2008：123.

② 单新国. 土地发展权法律制度研究 [D]. 重庆：西南政法大学，2006.

府支付费用的方式购回超过该限度标准的建筑权。法国设置该制度的主要目的是稳定房价，实现土地所有权人之间的公平，同时增加地方的财政收入。1982 年法国将密度限制的标准提高，规定巴黎为 1∶1.5~3，其他城市为 1∶1~2，在这一范围内，由各地自主决定密度限制标准①。

第二节　国内建设用地指标跨区域交易实践及启示

一、浙江折抵指标交易

受土地用途严格管制的影响，我国农用地转为建设用地按上级政府确定的计划管理，其实现方式主要包括土地利用总体规划和年度土地利用计划。浙江是我国经济发展水平较高、城市化和土地需求增速较快的省份之一，而由于中央下达给浙江的土地指标十分有限，城市建设用地的实际需求难以得到满足，具体表现在土地指标量无法满足快速增长的土地开发利用需求上；另外，在空间布局方面，实际开发需求与最初确定的新增规划建设用地可能无法完全匹配。正是由于新增建设用地指标的空间相对狭小，而建设占用耕地量又与补充耕地量相关联，"耕地占补平衡"的要求很难在用地需求突出的地区实现②。自 20 世纪 90 年代末期以来，杭州、宁波、温州等经济发展较快的地市的用地指标缺口一直较大，这也无形中给浙江省政府和国土资源部门增加了较大压力。为解决指标缺口问题，浙江省国土资源厅在充分调研的基础之上，逐步构建了以"折抵、复垦指标"与"待置换用地区"为核心要素的"区域内土地发展权转移"政策体系。与此同时，还精心设计了以"折抵指标有偿调剂""基本农田易地代保"以及"易地补充耕地"为关键环节的跨区域交易政策体系。此政策体系创新性地引入了土地发展权跨区域交易的市场化运作机制，从而成功构建了一套具有浙江特色的土地发展权转移与交易模式。

（一）区域内土地发展权转移政策

该项政策制度设计的基础是创造"折抵指标"与"复垦指标"的概

---

① 胡兰玲. 土地发展权论 [J]. 河北法学，2002 (2)：143-146.

② 汪晖，陶然. 建设用地计划管理下的土地发展权转移与交易：土地计划管理体制改革的"浙江模式"及其全国含义 [J]. 中国经贸导刊，2009 (1)：27-28.

念。所谓折抵指标，指通过实施土地整理项目而新增加的有效耕地面积可折抵建设用地指标使用的一项指标。复垦指标是指对于按规划集中建设的农村居民聚居点和工业企业园区，已经将原建设用地复垦为耕地的面积，可在新区、新址等量置换农用地作为新的建设用地。两类指标从本质上讲虽与计划指标类似，但就指标利用而言，地方政府会认为其优越性要大于计划指标。究其原因，主要是计划指标具有时限性，当年未使用的则自然作废。而在折抵指标和复垦指标的使用上，浙江省国土资源厅建立了土地整理折抵指标和复垦指标库，下辖每个县均有一本指标台账，指标计入台账的方式则是对土地整理地形图、规划图与竣工图的核算比对：首先需通过县级国土资源局的初步审核，以确保其准确性。随后，该工作将转至地级市国土资源局进行复审，以进一步验证其合规性。最终，当这些材料通过省国土资源厅的终审并被判定为合格后，该部门负责将该县所生成的折抵指标与复垦指标正式纳入该县的指标台账系统中进行管理。对于已使用的指标，省国土资源厅将依据实际情况进行审核，并在审核通过后，在指标台账系统中相应地进行划减操作。这一过程确保了指标的管理既严谨又规范，允许两类指标能够按照年度进行累积，并在需要时进行支取，其操作模式类似于银行的存款管理机制，不存在当年未用完就自动作废的问题。

区域内土地发展权转移的第二个制度设计是待置换用地区和基本农田集中置换政策。待置换用地区是指通过实施土地整理而新增加的有效耕地可以兑换为折抵指标和复垦指标，该指标可转移到待置换用地区内用于置换耕地，从而使该区域土地可用于非农建设。这样，原来确定的建设用地区加上新增的待置换用地区都划入规划建设用地区，二者的差异在于待置换用地区内的农用地转用仅能使用土地整理后的折抵指标或复垦指标，不再使用国家下达的计划指标[①]。尽管待置换用地区的引入扩大了规划建设用地区的范围，但由于待置换用地区的原规划用途大部分被定性为一般农田，如果在编制乡镇土地规划时将未来可能会建设占用的那部分耕地划入基本农田区，那么它就无法划入待置换用地区，即将来仍然不能变为建设用地。

---

① 汪晖，陶然. 建设用地计划管理下的土地发展权转移与交易：土地计划管理体制改革的"浙江模式"及其全国含义 [J]. 中国经贸导刊，2009（1）：27-28.

（二）跨区域土地发展权交易

虽然区域内土地发展权转移政策对折抵指标（复垦指标）、待置换用地区等系列制度的引入可以在一定程度上有效增加新增建设占用耕地量，但区域之间不平衡的问题仍然存在。首先，在宁波、杭州等浙江经济较为发达的地市，以及乐清、瑞安、义乌和越城等经济特别发达的县（市、区），上级政府下达的指标已远远不能满足当地建设用地需求，而这些地区的复垦潜力却远低于全省平均水平，故其取得折抵指标的数量也极其有限。而在一些资源多、经济欠发达的地区，建设用地需求小，土地整理产生的折抵指标却有大量节余。其次，由于不同区域都需要满足"耕地占补平衡"要求，而经济欠发达地区建设占用耕地量小，但补充耕地的潜力较大；经济发展较快地区建设占用耕地量大，但补充耕地潜力却较小。最后，在一些土地整理新增耕地潜力较小、建设用地需求较大的经济发达地区，受新增基本农田数量限制，往往不能通过基本农田置换方式增加待置换用地面积，因而制约了建设用地新增的空间。

为解决区域间建设用地供需的不平衡性，自 2000 年开始，浙江省构建了折抵指标市场，创设了"折抵指标有偿调剂""易地补充耕地"和"基本农田易地代保"等概念，实现了跨区域土地发展权交易。这个土地指标交易市场的核心职能，在于为省内那些经济相对欠发达地区的政府提供一个平台，让它们可以出售通过土地整理所获得的折抵指标，以换取一定的经济收益。这样的做法，不仅为这些地区带来了额外的财政收入，也帮助它们缓解了预算上的压力。同时，这些指标的转让，也使得省内那些经济较为发达的地区能够满足未来对于建设用地的迫切需求。不同地区在整理和使用折抵指标上所付出的成本和获得的收益存在显著的差异，就催生出了一个庞大的指标交易市场。从 21 世纪初期开始，浙江省的折抵指标市场逐渐走向成熟，交易量也呈现急剧上升的趋势。折抵指标的交易收入，已经变成了许多经济欠发达地市的重要财政来源。这对于这些地区来说，无疑是一个重要的经济支撑。指标交易市场的存在，不仅满足了发达地区对于建设用地指标的需求，同时也推动了欠发达地区的土地整理工作。这样的交易模式，实现了省内各地区之间的互利共赢，也为整个省份的经济均衡发展作出了积极的贡献。通过这个交易市场，土地资源得到了更加合理的配置，各地区的经济发展也获得了强有力的支撑。基本农田易地代保是跨区域土地发展权交易的又一重要内容。2001 年，为在土地利用中尽量避开基本农田，浙江省国土资源厅推出了基本农田易地代保制度，该制度大大扩展了经济快速增长地区的用地空间。

由于浙江省折抵指标市场化交易制度设计的交易主体仅限于浙江省范围内的地方政府，而未将折抵指标真正推向适用于所有自然人、法人及其他组织的市场，这就造成了指标交易的行政计划痕迹依然严重。另外，浙江省的交易对象更多限于耕地占补平衡指标，而非建设用地指标，故交易行为的市场化程度不高。交易虽然保障了区域间地方经济的平衡发展，保护了耕地面积，提高了耕地质量，但交易最终未能给建设用地指标人即农村集体经济组织及其成员带来共享发展红利的机会。

二、重庆"地票"交易

2007 年，重庆市获国务院批准成立统筹城乡综合配套改革试验区，在统筹城乡土地政策等多个方面拥有先行先试权，为重庆的发展提供了前所未有的历史机遇。2008 年初，国务院《关于推进重庆市统筹城乡改革和发展的若干意见》（国发〔2009〕3 号）第三十二条指明了当地土地改革的重要方向①。以国土资源部 2008 年《城乡建设用地增减挂钩试点管理办法》（国土资发〔2008〕138 号）为基础，重庆市人民政府通过了《重庆市农村土地交易所管理暂行办法》（渝府发〔2008〕127 号）。2008 年 12 月，以农村土地实物和土地指标为交易标的的重庆市农村土地交易所正式成立②。

重庆的"地票"实际上是《重庆农村土地交易所管理暂行办法》（渝府发〔2008〕127 号）规定的建设用地挂钩指标的表现形式，特指农村宅基地、农村公共设施和公益事业建设用地以及乡镇企业用地等农村集体建设用地复垦为耕地后，可用于建设的用地指标。"地票"交易是在规划指导、农民自愿的情况下，通过集中建设农民新居和公共配套设施，将农民

---

① 国务院《关于推进重庆市统筹城乡改革和发展的若干意见》的第三十二条规定："稳步开展城乡建设用地增减挂钩试点。设立重庆农村土地交易所，开展土地实物交易和指标交易试验，逐步建立城乡统一的建设用地市场，通过统一有形的土地市场以公开规范的方式转让土地使用权，率先探索完善配套政策法规。"

② 张鹏，刘春鑫. 基于土地发展权与制度变迁视角的城乡土地地票交易探索：重庆模式分析 [J]. 经济体制改革，2010（5）：103-107.

富余宅基地和村集体富余建设用地复垦形成"地票"，通过市场公开、公平拍卖，在全市范围内进行流转。"地票"交易必须在交易场所内进行方能生效。重庆市每年的"地票"交易总量按年度新增城市建设用地计划指标的10%安排，以避免投资过热产生指标囤积情况，进而催生房地产泡沫，确保经济社会健康发展。"地票"在交易后必须两年内"落地"，"落地"范围必须在城镇规划范围以内，到期"地票"不得继续使用，由交易所原价购回①。指标购买人取得的指标，可以等量新增城镇建设用地指标面积。随着"地票"交易制度的进一步发展，经营性用地将不再使用中央下达的年度建设用地计划指标，这些计划指标将用于公共基础设施、工业园区等公益性用地建设。

重庆"地票"交易打破了原有传统征地中先占用耕地再补充耕地的"先占后补"模式。"地票"交易的具体程序如下：第一，建设用地复垦。将农村公益事业用地和农村公共设施用地、农民宅基地及其附属设施用地以及乡镇企业用地等农村集体建设用地进行复垦，并经数级土地管理部门验收合格后，确认权利人取得新增的建设用地指标即"地票"。第二，指标交易。所有自然人、法人及其他组织均可通过公开竞价的方式在农村土地交易所内购买"地票"。"地票"交易总量受政府计划调控，一般必须限制在当年中央下达给重庆市的新增建设用地计划的10%之内。第三，指标"落地"。"地票"在城镇规划建设区内落地时，增加同等面积的城镇建设用地，并将其纳入新增建设用地计划，当时取得"地票"的费用可以冲抵耕地开垦费及新增建设用地上地有偿使用费，征地政府在办理征收转用手续并完成对农民的补偿安置后，取得国有土地使用权。

关于"地票"价格的确定，目前采取的方式是由重庆市政府在全面考虑新增建设用地土地有偿使用费、耕地开垦费等因素的基础上，公布全市统一的指标基准价格。一般来讲，"地票"交易底价应包括农民新居建设费及搬迁补偿费、耕地开垦费、城市新增建设用地有偿使用费、交易相关税费以及测绘费等。"地票"交易收益如何分配，目前采取的方式是在扣除土地复垦费用和交易税费后的净收益，按照复垦土地的原权属即村集体使用的建设用地和农民个人宅基地两种情况实施不同的分配方案。集体经

---

① 陈悦. 重庆地票交易制度研究 [J]. 西部论坛, 2010 (6): 1-5.

济组织拥有建设用地形成的"地票"净收益全部由集体统筹使用,用途包括发展公益性事业、购买本村村民的社会保险以及本村公共设施建设等。宅基地复垦后形成的耕地由原宅基地农民承包经营,其余村集体所有的集体建设用地复垦后形成的耕地,一部分作为村集体流转土地,承包给种养大户、农业投资企业以及专业合作社,这部分收益主要用于发展村公益性事业,另一部分补充给因修建农民集中居住区而被占耕地的农民①。

目前,重庆农村土地交易所的核心业务是"地票"交易。自 2008 年 12 月 4 日第 1 次交易截至 2022 年底,重庆市累计交易"地票"36.9 万亩、724.42 亿元,推动"地票"交易量质齐升。同时,购买"地票"的主体类型也在不断丰富,除各级土地储备机构外,还包括了园区建设单位以及房地产开发企业等。"地票"70%以上来源于渝东北、渝东南"两群"地区,90%以上使用落在了主城都市区②。随着交易价格的节节上升,各县(市、区)县实施土地整理从而生产"地票"的积极性同样也在日益高涨。总体来看,重庆市的"地票"交易制度与浙江省的折抵指标交易制度相比,又向前迈进了一大步,将建设用地指标置于真正的市场中进行公开交易,并对发展权收益、交易规模、指标用途等予以了明确。指标价格虽然通过市场形成,但仍然总体处于较低价位,未能充分体现土地指标的价值。究其原因,一是指标"落地"时仅能冲抵新增建设用地土地有偿使用费及耕地开垦费两项费用,这就决定了其价格难以处于较高价位;二是重庆市的建设用地指标可在全域范围内流动,通过对偏远地区土地整理项目的实施,其整理成本较城镇规划区附近要低许多,加之重庆农村面广地多,建设用地指标的供应量也较大,在持续供应能够保障的前提下,土地指标的市场价格自然就比较低。

三、成都建设用地指标交易

成都作为全国统筹城乡综合配套改革试验区,同样取得了在用地制度改革方面的试验权。为加快生产要素在城乡之间的自由流动,服务包括建设用地指标在内的农村产权交易,成都市于 2010 年 10 月 13 日正式揭牌成

---

① 陈悦. 重庆地票交易制度研究 [J]. 西部论坛,2010(6):1-5.

② 人民网.36.9 万亩、724.42 亿元 重庆土交所推动地票交易量质齐升 [EB/OL]. (2023-02-21)[2023-9-20]. http://cq.people.com.cn/n2/2023/0221/c367643-40309933.html.

立了成都农村产权交易所有限责任公司（对外挂牌成都农村产权交易所），使其成为按照现代企业管理模式运营的企业法人。成都农村产权交易所自成立以来，逐步搭建市、县（市、区）、乡三级农村产权交易信息发布和组织交易的综合型平台，实行"六统一"（统一交易规则、统一交易鉴证、统一服务标准、统一交易监管、统一信息平台、统一诚信建设）的管理模式，形成了农村产权流转的"成都模式"①。

为有效解决国有建设用地占用大量农地所带来的占补平衡问题，并充分激发社会资金参与农村土地综合整治的积极性，同时确保建设用地指标的市场价值得以真实体现，成都市人民政府于 2011 年 4 月 13 日发布了《关于完善建设用地指标交易制度促进农村土地综合整治的实施意见》（成国土资发〔2011〕80 号）。该意见明确提出了试行建设用地指标市场化交易的方式，旨在进一步推动农村土地综合整治工作的深入开展。

根据该意见，建设用地指标具体指的是通过实施农村土地综合整治项目，废弃的农村建设用地被整理并复垦为耕地后，扣除农民集中居住区占地及预留给农民集体的发展用地，再经土地管理部门多级验收合格后所节余的建设用地面积。此指标被设定为国有经营性建设用地首次出让的必备"准用"条件。

具体而言，在成都市中心城区及二圈层县（市、区）②范围内，对于国有经营性建设用地（不含工业用地）使用权的初次出让，竞得人必须在持有相应面积的建设用地指标后方可签订《国有建设用地使用权出让合同》。而在三圈层县（市、区）③，竞得人虽无须事先持有建设用地指标，但在签订合同时需按照市政府确定的建设用地指标当年最低保护价标准，缴纳竞买宗地相应面积的建设用地指标价款。然而，对于成都市范围内城镇改造整理出的国有经营性建设用地使用权出让（非首次供应），竞得人则无须持有建设用地指标，亦无须缴纳相关价款。

关于建设用地指标的交易价格，不应低于最低保护价，并由交易双方

---

① 廖彦淞. 土地指标交易［J］. 四川改革，2010（10）：18-20.

② 成都市中心城区主要指青羊区、金牛区、锦江区、成华区、武侯区（含高新区），二圈层县（市、区）主要指双流区、温江区、青白江区、龙泉驿区、新都区、郫都区等。

③ 成都市三圈层县（市、区）主要指蒲江县、邛崃市、崇州市、彭州市、都江堰市、大邑县、新津县以及金堂县等。

根据市场规则共同决定。最低保护价的设定，主要是考虑农村土地综合整治项目的成本费用，包括但不限于农村公共服务配套费用、公共基础设施建设费用以及农房建设的"四性"要求等。该价格由成都市人民政府定期公布，2011年公布的标准为每亩18万元。

此外，建设用地指标自交易、登记生效之日起2年内有效。若在规定期限内未使用，将由成都市人民政府指定的机构按建设用地指标当年最低保护价进行回购。对于指标交易后的收益分配，若农村集体经济组织和农民自行实施整治项目，则收益归集体和农民所有；若委托社会投资者或政府土地整理平台公司实施，则收益由双方按合同约定分享。同时，指标交易成功后，原则上由指标供给方按交易总额的10%缴纳基础设施配套费。

事实上，在形成目前的建设用地指标市场化交易模式前，成都经历了多次交易波折，面临了数次政策更替，其内容反映了建设用地指标市场化交易模式的数种方案。2010年8月2日，成都市对蒲江县农村土地综合整治挂牌融资项目进行公开竞拍，该项目预计产生819.85亩建设用地指标，最终由成都市兴城投资公司以15.2万元/亩、总计12 461.72万元竞得，这标志着全国首例农村建设用地预期指标公开竞拍成功。2010年9月15日，成都市开始实行建设用地指标保证金制度，即所谓"持证准用"，有意向在成都范围内通过招、拍、挂方式取得国有土地使用权的开发企业或其他土地需求方，在参与土地竞拍前，须到成都农村产权交易所缴纳15万元/亩的建设用地指标保证金方可参与竞买。竞买成功的，保证金自然转为指标价款；竞买不成功的，须到成都农村产权交易所申请退还保证金。2010年11月16日，成都市国土资源局发布公告，取消通过缴纳建设用地指标保证金报名参与竞买的方式，要求凡是于2011年1月1日后参与竞买国有经营性建设用地使用权的申请人，必须持相同面积的《建设用地指标证书》。竞买人可通过自行实施农村土地综合整治项目获取建设用地指标，也可在成都农村产权交易所购买相应面积的建设用地指标。2010年12月17日，为体现建设用地指标的真实价值，进一步发挥市场发现价格的作用，成都市在成都农村产权交易所举行了首轮建设用地指标竞买会，竞买标的为建设用地指标2 000亩，交易底价为15万元/亩。最终，经过激烈竞争，最高成交价为96万元/亩，最低成交价为46.5万元/亩，成交均价为76.47万元/亩。2010年12月28日，成都农村产权交易所公告原定于

12 月 29 日的建设用地指标竞价会因故暂缓举行。究其原因，系公开竞价的指标价格过高引起了社会各界包括国土资源部的高度重视。随后，指标交易政策进行了调整，成国土资发〔2011〕80 号的出台将原来的"持证准入"变为了目前的"持证准用"，即原来用地企业须先取得一定面积的建设用地后才能参与国有建设用地的竞买，为避免指标交易中的投机行为以及先期购买指标的闲置，"持证准用"要求用地企业在通过招、拍、挂程序取得土地之后，在签订正式的国有建设用地使用权出让合同之前，必须持有与取得土地同等面积的指标证书或价款，否则不能签订合同及取得土地使用证书。

2011 年 9 月 3 日，国土资源部正式对成都市建设用地指标交易试点方案发出了复函①，其主要内容有两点：一是支持成都市的建设用地指标试点工作，指标可在成都本市域范围内交易，突破了指标只能在县域范围内流动的规定，但试点需符合"封闭运行、结果可控"的原则；二是成都市交易的建设用地指标只能是城乡建设用地增减挂钩产生的挂钩指标，由于挂钩周转指标的规模由四川省国土资源厅每年下达，因此，可交易的指标规模受到了限制。另外，指标交易虽在成都农村产权交易所的公开平台上进行，但指标交易价格却采取政府指导价而非市场竞价。这意味着当事人无法自主定价，或由转让方与受让方进行议价协商，交易价格被人为固化。自 2011 年 5 月至今，成都模式中用于"持证准用"的指标交易指导价及最终成交价一直维持在每亩 30 万元的固定交易价格不能真正反映指标的市场价值，不利于充分调动市场主体参与的积极性，影响指标的有效配置②。

---

① 《国土资源部关于成都市建设用地指标交易试点方案的复函》（国土资函〔2011〕480 号）的主要内容如下：①支持成都按照《国务院关于成都市统筹城乡综合配套改革试验区总体方案的批复》（国函〔2009〕55 号）的要求开展建设用地指标交易试点，探索城乡土地管理制度改革。②成都要认真贯彻《国务院关于严格规范城乡建设用地增减挂钩试点切实做好农村土地整治工作的通知》（国发〔2010〕47 号）精神，进一步完善《建设用地指标交易试点方案》，经省国土资源厅审核报省人民政府批准后组织实施，并报我部备案。③成都市建设用地指标交易试点应遵循"封闭运行、结果可控"的原则，严格控制在成都市范围内并规范操作，不得扩大试点范围。④加强对成都市土地管理制度改革试点工作的指导、监督和检查，密切关注，认真评估试点工作的进展情况，及时总结成功经验，研究解决出现的问题，共同推进成都市统筹城乡土地管理制度改革。

② 唐薇，唐鹏程. 建设用地指标交易市场化：现实困境及机制重构：基于成都等地建设用地指标交易实践的思考 [J]. 西南民族大学学报（人文社会科学版），2019（9）：98-103.

成都与重庆均作为全国统筹城乡综合配套改革试验区，在用地制度方面特别是土地指标方面均做了一些突破现有政策的尝试，但两地仍然各有特色，存在以下几方面区别：①重庆交易的仅限建设用地指标，成都除建设用地指标外，还可交易耕地占补平衡指标①，建设用地指标与耕地占补平衡指标实际上组成了土地指标的完整体系。从结构上讲，成都的土地指标体系实际上是浙江折抵指标与重庆"地票"的综合。②重庆作为直辖市，在城乡建设用地增减挂钩试点中，既拥有立项权、验收权，又拥有挂钩周转指标规模的控制权。而成都作为副省级省会城市，其相关立项、验收权以及挂钩周转指标的规模均由四川省国土资源厅配置。从实际意义上讲，重庆市建设用地指标的产生渠道相比成都更多。③重庆指标可在直辖市范围内流动，而成都指标在市域范围内流动，这就导致了重庆市的指标供应比成都市更为充足且整理成本及指标价格更低。④重庆建设用地指标"落地"时可以冲抵新增建设用地有偿使用费及耕地开垦费，成都建设用地指标"落地"时虽未明确规定可冲抵上述费用，但实际操作中指标持有人在报征土地时，不仅不用缴纳新增建设用地有偿使用费及耕地开垦费，还不用缴纳其他报征主要费用。这项差异也决定了成都的指标价格高于重庆。⑤重庆由农村集体经济组织、农民家庭及拥有土地权属的其他组织通过建设用地整理产生指标。成都除上述主体外，政府鼓励和引导社会投资人参与建设用地整理。随着农村土地综合整治工作的不断深入，单一依靠政府来从事整治工作已让政府财政难以为继。为此，通过明确投资回报方式，可以引导和鼓励更多的社会资金参与农村土地综合整治项目，加快建设用地指标的产出。当然，不容回避的是，社会资金的大量介入会在一定程度上推高土地整理的成本。⑥重庆对每年的指标交易总量实行计划控制，年度交易指标总量要依据经营性用地需求情况、挂钩周转指标规模和年度用地计划共同合理确定。成都《关于完善建设用地指标交易制度促进农村土地综合整治的实施意见》（成国土资发〔2011〕80号）则作了较为

---

① 耕地占补平衡指标是指成都市行政区域内实施的农用地、未利用地整理项目，经省国土资源厅验收合格并通过国土资源部备案确认，可用于建设用地报征的耕地占补平衡指标。耕地占补平衡指标的主要作用是报征土地，而需求主体是各县（市、区）人民政府及国有平台公司。"持证"报征是指县（市、区）政府根据年度计划，申请征收其土地利用总体规划确定的规划建设用地区土地，占用耕地的，必须持有同面积的耕地占补平衡指标。批准征收后，其持有的同面积耕地占补平衡指标由市国土资源管理部门收回注销。

原则性的规定①。相比重庆，成都每年的指标交易规模实际上主要与国有建设用地使用权招、拍、挂总量相挂钩，二者在关联范围上有一定差别。

总体上看，通过对国外土地发展权市场化交易制度的梳理，发现发达国家创设土地发展权制度有其共同的历史背景：都是在城市人口激增、城镇化、工业化飞速发展、环境问题日益恶化的背景下产生了对土地利用方式创新的需求，土地发展权制度才应运而生。该制度的出现对当时社会矛盾的化解起到了重要作用。与英国、美国以及法国的土地发展权制度相比较，崇尚发展权归个人所有、把效率目标放在首位的美国，其土地发展权的市场化交易制度即 TDR 制度对我国发展权制度的构架影响更为深远，其发展权转入区与转出区的设计、发展权价格的测算、发展权规模的控制等经验，对我国的建设用地指标市场化交易制度设计起到了重要的借鉴作用。

国内开展建设用地指标交易的省、市主要有浙江、重庆及成都。其中，浙江开展此项探索的时间最早，建设用地供地及耕地保护责任在区域间的非均衡性以及发达地区经济的快速发展催生了该项制度。从制度设计层面看，浙江通过折抵指标交易、待置换区域、基本农田异地代保等政策对建设用地指标有了较为完整的设计，但其缺点是仅限于经济发展水平不同的地方政府之间调剂发展权，交易方式及交易价格未能充分体现市场化程度。重庆与成都作为统筹城乡综合配套改革试验区，拥有先行先试的权利，故其建设用地指标的市场化交易制度设计中更好地体现了市场化的原则。从试行数年的效果看，政策起到了协调区域间经济发展、有效保护耕地的作用，对下一步完善市场体系、健全市场规则起到了较好的参考作用。重庆与成都的交易模式在土地指标交易品种、流动范围、用途、产生方式以及规模方面仍然存在一些区别，但各有优势，其政策施行基本都取得了预期效果。

---

① 《关于完善建设用地指标交易制度促进农村土地综合整治的实施意见》规定："促进指标市场与国有土地市场协调运行。根据指标市场供需情况，适时进行交易，实现指标交易常态化。"

第五章　建设用地指标跨区域
交易的制度演变

第一节　建设用地指标跨区域交易的政策演进

总体上看，我国区域间发展的不均衡性依旧存在，导致不同地区对建设用地指标的需求出现严重落差。长期以来，一直都有学者呼吁，要建立城乡统一的建设用地市场，尤其是建立跨省、跨区域的农村建设用地减少与城市建设用地增加的市场转换机制。在这项改革的早期，呈现出缓慢但不断"松绑"的趋势①。

一、第一阶段：县域范围内

2004 年，《国务院关于深化改革严格土地管理的决定》（国发〔2004〕28 号）首次提出"城乡建设用地增减挂钩"的概念。2008 年，国土资源部制定《城乡建设用地增减挂钩试点管理办法》（国土资发〔2008〕138号），其中，第五条提出"挂钩试点工作实行行政区域和项目区双层管理，以项目区为主体组织实施。项目区应在试点市、县行政辖区内设置"。2011 年，《国土资源部关于严格规范城乡建设用地增减挂钩试点工作的通知》（国土资发〔2011〕224 号）明确提出"严禁跨县级行政区域设置挂钩项目区"，严格限制建设用地指标的使用范围：一是从试点角度考虑，

---

① 宋兴国. 中央经济工作会议提出改革土地计划管理方式 土改即将"大迈步"［N/OL］.
21 世纪经济报道，2019-12-13〔2023-08-10〕. https://m.21jingji.com/article/20191213/bd15c41
c7905520f5fe65830e9441585_zaker.html.

采取相对封闭的试点范围，能够最大限度减小可能导致的风险；二是避免跨度过大可能导致的资源不易协调配置。以县为单位的拆旧区与建新区设置，将大大减少行政沟通成本，利于项目快速实施。但其带来的负面效应也同样明显，因区域间太过于接近，土地之间的级差地租效应难以充分发挥，建新区对指标落地的需求不大，难以真正发挥政策在资源配置方面的最大优势。

二、第二阶段：市域范围内

2008 年汶川"5·12"特大地震后，国土资源部为支持四川灾后重建，允许省内部分重灾县将灾后恢复重建增减挂钩节余指标在市域范围内流转使用。特殊时期的特殊政策，不仅为灾后重建工作筹集了大量建设资金，同时也解决了成都市周边经济发达区县的用地指标瓶颈问题。2011 年 4 月，为调动社会资金参与农村土地综合整治的积极性，同时让建设用地指标的市场价值能够得到真正体现，成都市人民政府颁布了《关于完善建设用地指标交易制度促进农村土地综合整治的实施意见》（成国土资发〔2011〕80 号），规定试行建设用地指标市场化交易方式，促进农村土地综合整治。按照上述文件规定，建设用地指标是指通过实施农村土地综合整治项目，整理废弃农村建设用地并复垦，扣除农民集中居住区占地、预留给农民集体的发展用地，经土地管理部门多级验收合格后节余的建设用地。建设用地指标设置为国有经营性建设用地首次出让的"准用"条件。截至 2021 年 7 月底，成都市累计实现持证准用指标交易 2 695 宗，交易面积 17.28 万亩，成交金额 405.74 亿元（其中 30 万元/亩的指标交易 1 733 宗，面积 9.21 万亩，成交金额 276.39 亿元，余下为定价 18 万元/亩的指标交易[①]）；增减挂钩指标 52 宗，面积 1.92 万亩，成交金额 60.69 亿元；耕占指标 187 宗，成交面积 16.22 万亩，成交金额 47.29 亿元。

三、第三阶段：省域范围内

为加快四川省巴中市经济社会发展和脱贫攻坚工作，2014 年 9 月，国土资源部针对巴中市实际情况，印发《国土资源部办公厅关于支持四川省

---

① 30 万元/亩的指标价格适用于成都市第一、二圈层县（市、区）范围，18 万元/亩的指标价格管用于成都市第三圈层县（市、区）范围。

巴中市扶贫攻坚意见的函》（国土资厅〔2016〕958号），推出了6条特殊支持政策措施。在支持巴中市开展城乡建设用地增减挂钩政策措施方面，明确指出属于扶贫开发和生态移民的，可在省内跨县、市开展增减挂钩，更好地解决农民搬迁安置资金困难，但要把获得的增减挂钩效益全额返还农村，促进相关工作顺利开展。2016年，成都市高新区以29.5万元/亩的价格使用巴中市4 500亩增减挂钩节余指标，费用约13亿元。这是四川第一例增减挂钩节余指标在省域范围内流转，在缓解"先富"地区建设用地不足的同时，又解决了贫困地区脱贫攻坚"钱从哪来"的问题①。

2016年，国土资源部出台《关于用好用活增减挂钩政策积极支持扶贫开发及易地扶贫搬迁工作的通知》（国土资规〔2016〕2号），强调了增减挂钩支持扶贫开发及易地扶贫搬迁的重要意义，并在以下几个方面有效促进了增减挂钩政策对扶贫攻坚的支持作用：第一，增减挂钩指标向贫困地区倾斜，上级国土资源主管部门在安排增减挂钩指标时应着重支持贫困地区。第二，拓展了贫困地区增减挂钩政策的适用范围，集中连片特困地区、国家扶贫开发工作重点县和开展易地扶贫搬迁的贫困老区开展增减挂钩的，可将增减挂钩节余指标在省域范围内流转使用。第三，对增减挂钩指标使用管理作出了具体要求，增减挂钩节余指标在省域范围内流转使用的，实行项目区别管理。各级国土资源主管部门要加强拆旧复垦监管，对拆旧复垦的耕地进行严格审核验收。第四，运用增减挂钩政策支持扶贫开发及易地扶贫搬迁，要充分尊重农民意愿，保障农民的知情权、参与权和受益权，不搞强迫命令，防止以易地扶贫搬迁为名搞"运动式"搬迁；增减挂钩收益，要按照工业反哺农业、城市支持农村的要求，及时全部返还贫困地区，确保通过增减挂钩实施扶贫开发及使易地扶贫搬迁的农民受益。第五，节余指标收益应由县（市）统一管理，市、县级政府根据不同的安置方式，按照"钱随人走、同等受益"的原则分配和使用。

2018年4月，为充分发挥城乡建设用地增减挂钩试点政策对扶贫开发及易地扶贫搬迁的特殊政策支撑作用，加强增减挂钩指标规模下达和节余指标使用等定向调控，四川省国土资源厅开发完成了省级城乡建设用地增减挂钩节余指标流转信息平台，将其作为面向全省增减挂钩节余指标流转

---

① 四川省人民政府网站. 土地新政的巴中模式［EB/OL］. （2016-7-18）［2022-6-11］. https://www.sc.gov.cn/10462/10464/10465/10595/2016/7/18/10388463.shtml.

交易的统一网上信息平台。通过将平台数据自动同步到网站系统的方式，实现了节余指标信息一次发布多系统共享的功能。

2019年12月，自然资源部印发《关于开展全域土地综合整治试点工作的通知》（自然资发〔2019〕194号），提出"节余的建设用地指标按照城乡建设用地增减挂钩政策，可在省域范围内流转"。上述政策的实施，为试点地区乡村振兴战略提供了重要的制度支撑，也为进一步探索指标交易提供了丰富案例。

四、第四阶段：省域范围外

从2016年开始，随着扶贫工作到了攻坚阶段，中央已认识到利用土地资源为贫困地区提供资金的重要性，开始通过制度允许集中连片特困地区、国家扶贫开发工作重点县和开展易地扶贫搬迁的贫困老区的增减挂钩节余指标在省内流转，并允许进一步扩展到"三区三州"及其他深度贫困县跨省流转，但其他地区的节余指标跨行政区域交易仍是被禁止的。这一制度变迁一定程度上解决了指标供需和资金错配的问题，体现出中央政府对地方政府严管与平衡并行的态度。但由于广大其他地区节余指标供需错配的问题仍然存在，"外部利润"并未完全内部化；而且随着城乡建设的推进，经济发达地区供需错配的问题会不断加剧，地方政府突破制度框架的倾向仍会比较明显，新的制度均衡尚未完全形成①。

2017年，为进一步强化建设用地指标交易政策对脱贫攻坚的支撑作用，国土资源部印发《关于进一步运用增减挂钩政策支持脱贫攻坚的通知》（国土资发〔2017〕41号），正式允许将增减挂钩节余指标由省域范围内流转扩展到东西部扶贫协作和对口支援省份之间。文件规定，各省（区、市）在优先保障国家扶贫开发工作重点县、集中连片特困地区增减挂钩节余指标流转使用的前提下，是否允许全部或部分省级扶贫开发工作重点县增减挂钩节余指标在省域范围内或市域范围内流转使用，由各省（区、市）自行决定。由此，各省（区、市）拥有了指标流转范围的决定权。此外，文件还要求各省（区、市）在编制下达土地利用计划时，应实行增量和存量用地统筹联动，适当减少节余指标流入地区新增建设用地安

---

① 黄锦东. 城乡建设用地增减挂钩制度的演进及机理：基于制度变迁理论的分析［J］. 自然资源情报，2019（1）：40-46.

排，经营性用地尽量使用增减挂钩指标，以提高增减挂钩节余指标收益，进一步加大对脱贫攻坚工作的支持力度。

2018年，《国务院办公厅关于印发跨省域补充耕地国家统筹管理办法和城乡建设用地增减挂钩节余指标跨省域调剂管理办法的通知》（国办发〔2018〕16号）出台，将原来表述的建设用地指标"流转"变为"调剂"，着重强调了国家统筹原则。该文件提出，"三区三州"及其他深度贫困县城乡建设用地增减挂钩节余指标由国家统筹跨省域调剂使用。跨省域调节指标任务的测算和下达由国土资源部负责，国土资源部在核销各省（区、市）跨省域调剂节余指标任务时，对涉及的有关省份规划耕地保有量、建设用地规模调整以及耕地质量变化情况实行台账管理。该文件对资金的收取和支出、节余指标调剂实施、监督管理等方面也作了详细规定，使增减挂钩节余指标跨省域流转的配套措施得以不断细化。

2018年，财政部制定《城乡建设用地增减挂钩节余指标跨省域调剂资金收支管理办法》（财综〔2018〕40号），在允许深度贫困地区跨省域流转增减挂钩节余指标之后，对跨省域调剂资金的收支管理进行细化。

首先，关于调剂资金的收取，自然资源部确定年度调入节余指标任务，按程序下达到相关省份，节余指标调入价格根据地区差异相应确定，北京、上海每亩70万元，天津、江苏、浙江、广东每亩50万元，福建、山东等其他省份每亩30万元；附加规划建设用地规模的，每亩再增加50万元。

其次，关于调剂资金的下达，调出节余指标任务由自然资源部测算并下达，节余指标调出价格根据复垦土地的类型和质量确定，复垦为一般耕地或其他农用地的每亩30万元，复垦为高标准农田的每亩40万元。调剂资金分两次下达，先下达70%，待复垦完毕之后再下达30%。

最后，关于调剂资金的结算和使用，政策划定了明确的账目，规定了调剂资金的使用范围，即"深度贫困地区收到的调剂资金全部用于巩固脱贫攻坚成果和支持实施乡村振兴战略，优先和重点保障产生节余指标的深度贫困地区的安置补偿、拆旧复垦、基础设施和公共服务设施建设、生态修复、耕地保护、高标准农田建设、农业农村发展建设以及易地扶贫搬迁等"。与过去政策的原则性规定（脱贫攻坚与乡村振兴）相比，进一步明确了资金的使用范围。

2019 年，财政部制定《土地指标跨省域调剂收入安排的支出管理暂行办法》（财预〔2019〕64 号），规定"城乡建设用地增减挂钩节余指标跨省域调剂资金，全部用于巩固脱贫攻坚成果和支持实施乡村振兴战略，优先和重点保障产生节余指标深度贫困地区的安置补偿、拆旧复垦、基础设施和公共服务设施建设、生态修复、耕地保护、高标准农田建设、农业农村发展建设以及购买易地扶贫搬迁服务等"。同时，明确各地方不得将补助资金用于以下方面支出，包括行政事业单位基本支出；各种奖金、津贴和福利补助，弥补企业亏损，修建楼堂馆所，弥补预算支出缺口和偿还债务及利息，其他与乡村振兴和脱贫攻坚无关的支出。至此，有关建设用地指标跨区域交易的政策框架已初步形成，但试点范围为"三区三州"及其他深度贫困地区，其他贫困地区无法运用该项政策。

第二节　建设用地指标跨区域交易演进的基本特征

一、范围越扩展，价值越显化

当前，我国仍处于大力推进新型城镇化的发展阶段，人口和劳动力迁移也主要是从农村向城市、从内地向沿海集中，通过建立土地整理后新增折抵指标的全国性交易平台，并渐进有序地放开建设用地复垦的市场化交易，就不仅仅有通过经济较发达的城市或地区购买土地指标来保护经济欠发达的城市和地区特别是粮食主产区耕地和自然环境的意义，更有为城市和发达地区提供更大用地空间，促进资本、劳动力和人口在整个国土空间内实现更有效配置的重大意义[1]。

随着指标交易制度的不断深化和完善，限制指标跨县域流转不仅构成对指标的用益物权权能的不当束缚，更有碍于指标交易的市场化、规范化、统一化[2]。而随着建设用地指标流转范围的逐步"松绑"，发达地区对指标的需求更加强烈，愿意采取市场化购买方式来满足其发展需求，指标

---

① 汪晖，王兰兰，陶然. 土地发展权转移与交易的中国地方试验：背景、模式、挑战与突破[J]. 城市规划，2011（7）：9-13，19.

② 唐薇. 建设用地指标交易的制度局限及法制应对：基于成渝建设用地指标交易实践视角[J]. 农村经济，2019（1）：37-45.

交易价格呈现逐步上涨趋势。相比于县域范围内的狭小转移，全国范围内的东西部协作参与，第一次让指标转出方真正认识到了其指标的价值。2017 年底，乐山市马边县与绍兴市越城区流转节余指标 7 000 亩，协议总金额 50.4 亿元，亩均价格 72 万元。后虽因指标价格过高，偏离了政府统筹调控预期，被紧急叫停，但指标的市场价值已逐步开始显化。

又以泸县为例，它每年在县域范围内能够消化的指标需求在 2 000 亩左右，而全县目前有退出潜力的宅基地约为 4.8 万亩，供给远远大于需求。如果指标仅限于本县范围内流转，不仅指标的需求量有限，而且指标的收储价也有限，农民得到的财产性收入和进城落户的能力也会受到限制。如果泸县的指标交易能够打破地域的限制，在泸州市内甚至是在四川省内都允许交易，泸县产出的指标就能面临更大的需求市场，从而提高价格，并且能够在更大范围内实现土地资源的优化配置。因此，扩大试点县的指标流转范围势在必行。

二、价值越显化，主体越多元

从城乡建设用地增减挂钩项目设计的初衷看，其主要目的是在保障耕地面积不减少、质量不降低的前提下，由政府通过组织实施增减挂钩项目，平衡经济发展与土地要素之间的矛盾问题。后来，发达地区政府对指标需求的日渐强烈，而当地可挖掘土地资源逐步减少，不仅变相抬高了指标价格，凸显了指标的稀缺性价值，还让更多社会资本"嗅到"了指标产出的高额利润。为此，地方政府纷纷制定吸引社会资本投资建设用地整理项目的政策文件，让社会资本参与整理项目，分享未来指标交易产生的利润，规范引导社会资本依法、有序参与改革。2015 年 7 月，四川省人民政府办公厅印发《关于优化城乡建设用地增减挂钩试点改革的意见》（川办发〔2015〕69 号），提出"规范引导社会资本依法、有序参与改革。按照政府主导、市场运作、规范有序的原则，积极探索社会资本参与增减挂钩试点的途径、方式和项目管理、资金管理、利益分配机制。规范引导社会资本参与项目工程建设"。对投资收益进行严格控制。鼓励地方政府加大增减挂钩项目政府财政资金投入，建立增减挂钩项目支出预算制度，严格实行"收支两条线"管理，严格规范社会资本参与方式。《四川省国土资源厅关于进一步做好城乡建设用地增减挂钩试点管理工作的通知》（川国土资规〔2018〕4号）针对政策执行过程中社会资本过度介入后产生的乱象，提出严禁中介机构参与增减挂钩实施规划立项等应获取的正常技术服务费、企业参与增减挂钩工程项目应获取的正常投资回报等与增减挂钩指标或节余指标面积数量及交易金融直接挂钩，不参与建设用地指标市场溢价的分成。与易地扶贫搬迁等特殊政策支持项目统筹整合的增减挂钩项目试点一律由政府财政资金投入实施。这在一定程度上缓解了增减挂钩项目实施中带来的种种负面影响。

三、主体越多元，意识越觉醒

从财产权的角度讲，土地发展权是土地这种特殊产权权利束中的一种基本权利。对农村土地发展权的压抑实际上是对集体土地所有者或者集体土地使用者利益的某种损害，农民作为理性的"经济人"就会对此作出积极的反应，并在条件许可的情况下以不同的方式进行抗争[①]。市场元素对建设用地指标产生、交易环节的不断渗透，让指标产出地的集体、农民认识到其土地权益的市场价值，其带来的直接变化表现为农民对拆旧补偿标准的诉求越来越高，对安置区的住房环境要求越来越高，对引入产业的增收带动效用的期待越来越高。主体权利意识的觉醒一定程度上拉长了增减挂钩项目实施的周期，但却对农民意识提升作用非常明显，建设用地指标交易的市场氛围日渐浓厚，为后期全国性指标市场形成提供了重要基础。

综上所述，通过对中央逐步放开建设用地指标交易范围（县域→市域→省域→跨省域）的制度演变原因及未来趋势的分析，揭示建设用地指标交易范围经历了由窄到宽的四个阶段。随着指标范围的不断扩大，呈现出指标价值不断显化，依附于指标价值的主体愈加多元，指标交易主体的市场意识逐步唤醒等特征。总体上看，构建全国性建设用地指标交易市场的基础已基本成熟。笔者认为，虽交易地域跨度越大，级差地租效应越明显，但为避免交易陷入无序状态，跨区域交易应适度允许行政公权的更多介入，未来制度设计应在计划与市场路径之间寻求平衡点。

---

① 杨明洪，刘永湘. 压抑与抗争：一个关于农村土地发展权的理论分析框架 [J]. 财经科学，2004（6）：24-28.

第六章　四川省建设用地指标 跨区域交易的实证研究

2017 年 9 月 25 日，中共中央办公厅、国务院办公厅印发《关于支持深度贫困地区脱贫攻坚的实施意见》（厅字〔2017〕41 号），要求"加强土地政策支持。新增建设用地指标优先保障深度贫困地区发展用地需要。深度贫困地区开展城乡建设用地增减挂钩，可不受指标规模限制。探索'三区三州'及深度贫困县增减挂钩节余指标在东西部扶贫协作和对口支援框架内开展交易，收益主要用于深度贫困地区脱贫攻坚，按照土地出让收入的有关管理规定，加强资金使用管理"。上述政策制度的实施，为推动四川深度贫困地区脱贫攻坚工作带来了巨大的制度推动力。针对贫困地区如何有效利用其土地资源发展经济，有学者总结了其一般规律，即贫困农村地区发展经济，必然存在阶段性。利用土地资源发展经济的步骤是先逐渐脱贫，然后再通过城镇化步入发展正轨。脱贫阶段需要资金，发展阶段需要建设用地指标。脱贫阶段，通过虚拟"地票"交易可以获得大量资金扶持；而同时增加耕地，土地总面积没有改变。脱贫作为阶段性目标，以减少建设用地指标为代价。这个代价并不高，因为连片贫困地区的土地利用方式比较粗放，减少的建设用地指标的价值并不高，集约利用土地是有利的安排①。增减挂钩政策虽在支持脱贫攻坚中起到了重要作用，但也有学者认为，政策出台既是中央政府顺应当下工业化、城镇化进程的必然选择，也是为地方政府保有发展积极性和发展空间的无奈之举②。为进一

---

① 田富强. 贫困地区虚拟地票土地发展权试析［J］. 山西农业科学，2015（8）：1038-1044.
② 谭明智. 严控与激励并存：土地增减挂钩的政策脉络及地方实施［J］. 中国社会科学，2014（7）：125-142，207.

步评估增减挂钩及建设用地指标交易政策在支持四川省脱贫攻坚中的重要作用，笔者于 2019 年 1 月赴全国建设用地指标跨省交易"第一单"所在地马边彝族自治县、四川省建设用地指标跨市交易"第一单"所在地巴中市以及全国第一轮农村宅基地制度改革试点县泸县开展实地调研。

第一节　建设用地指标交易的政策分析

一、中央、省、市、县相关政策梳理

（一）中央政策

建设用地指标交易包括省域内流转和跨省域流转，中共中央、国务院、自然资源部、国家发展改革委等部门相继发布了政策指导性文件。

1. 用好用活增减挂钩政策，支持扶贫攻坚

《中共中央国务院关于实施乡村振兴战略的意见》（中发〔2018〕1 号）提出，要坚持把解决好"三农"问题作为全党工作重中之重，坚持农业农村优先发展，按照产业兴旺、生态宜居、乡风文明、治理有效、生活富裕的总要求实施乡村振兴战略。为决胜全面小康，加快扶贫工作进度，实现精准扶贫精准脱贫，在土地方面相继提出利用增减挂钩政策支持脱贫攻坚。

《国土资源部关于用好用活增减挂钩政策积极支持扶贫开发及易地扶贫搬迁工作的通知》（国土资规〔2016〕2 号）强调了增减挂钩支持扶贫开发及易地扶贫搬迁的重要意义，并在以下几个方面有效促进了增减挂钩政策对扶贫攻坚的支持作用：第一，增减挂钩指标向贫困地区倾斜，上级国土资源主管部门在安排增减挂钩指标时应着重支持贫困地区。第二，拓展了贫困地区增减挂钩政策的适用范围，集中连片特困地区、国家扶贫开发工作重点县和开展易地扶贫搬迁的贫困老区开展增减挂钩的，可将增减挂钩节余指标在省域范围内流转使用。第三，对增减挂钩指标使用管理作出了具体要求：增减挂钩节余指标在省域范围内流转使用的，实行项目区分别管理。各级国土资源主管部门要加强拆旧复垦监管，对拆旧复垦的耕地进行严格审核验收。第四，具体运作层面，强调运用增减挂钩政策支持扶贫开发及易地扶贫搬迁，要充分尊重农民意愿，保障农民的知情权、参与

权和受益权，不搞强迫命令，防止以易地扶贫搬迁为名搞"运动式"搬迁；增减挂钩收益，要按照工业反哺农业、城市支持农村的要求，及时全部返还贫困地区，确保通过增减挂钩实施扶贫开发及易地扶贫搬迁的农民受益。第五，节余指标收益应由县（市）统一管理，市、县级政府根据不同的安置方式，按照"钱随人走、同等受益"的原则分配和使用。

2. 增减挂钩节余指标跨省域流转

《国土资源部关于进一步运用增减挂钩政策支持脱贫攻坚的通知》（国土资发〔2017〕41号）为更好地发挥城乡建设用地增减挂钩政策支持脱贫攻坚的作用，进一步完善贫困地区增减挂钩节余指标使用政策，进一步加强了增减挂钩政策对扶贫攻坚的支持作用。该文件规定，各省（区、市）在优先保障国家扶贫开发工作重点县、集中连片特困地区增减挂钩节余指标流转使用的前提下，由各省（区、市）自行决定是否允许全部或部分省级扶贫开发工作重点县增减挂钩节余指标在省域范围内或市域范围内流转使用。这里，各省（区、市）拥有了指标流转范围的决定权。此外，该文件还要求各省（区、市）在编制下达土地利用计划时，应实行增量和存量用地统筹联动，适当减少节余指标流入地区新增建设用地安排，要求经营性用地尽量使用增减挂钩指标，以提高增减挂钩节余指标收益，进一步加大对脱贫攻坚工作的支持力度。

《国务院办公厅关于印发跨省域补充耕地国家统筹管理办法和城乡建设用地增减挂钩节余指标跨省域调剂管理办法的通知》（国办发〔2018〕16号）提出，"三区三州"及其他深度贫困县城乡建设用地增减挂钩节余指标由国家统筹跨省域调剂使用。通知显示，跨省域调节指标任务的测算和下达由国土资源部负责，国土资源部在核销各省（区、市）跨省域调剂节余指标任务时，对涉及的有关省份规划耕地保有量、建设用地规模调整以及耕地质量变化情况实行台账管理。通知对资金的收取和支出、节余指标调剂实施、监督管理等方面也作了详细规定。

3. 增减挂钩节余指标跨省域流转的配套措施不断细化

《城乡建设用地增减挂钩节余指标跨省域调剂资金收支管理办法》（国办发〔2018〕16号）在允许深度贫困地区跨省域流转增减挂钩节余指标之后，规定财政部对跨省域调剂资金的收支管理进行细化。

首先，关于调剂资金的收取，自然资源部确定年度调入节余指标任务，按程序下达相关省份，节余指标调入价格根据地区差异相应确定，北京、上海每亩 70 万元，天津、江苏、浙江、广东每亩 50 万元，福建、山东等其他省份每亩 30 万元；附加规划建设用地规模的，每亩再增加 50 万元。

其次，关于调剂资金的下达，调出节余指标任务由自然资源部测算并下达，节余指标调出价格根据复垦土地的类型和质量确定，复垦为一般耕地或其他农用地的每亩 30 万元，复垦为高标准农田的每亩 40 万元。调剂资金分两次下达，先下达 70%，待复垦完毕之后再下达 30%。

最后，关于调剂资金的结算和使用，政策划定了明确的账目，规定了调剂资金的使用范围，即"深度贫困地区收到的调剂资金全部用于巩固脱贫攻坚成果和支持实施乡村振兴战略，优先和重点保障产生节余指标深度贫困地区的安置补偿、拆旧复垦、基础设施和公共服务设施建设、生态修复、耕地保护、高标准农田建设、农业农村发展建设以及易地扶贫搬迁等"。相比过去政策的原则性规定（脱贫攻坚与乡村振兴），进一步明确了资金的使用范围。

为加快巴中市经济社会发展和扶贫攻坚工作，2014 年 9 月，国土资源部针对巴中市实际情况，印发《国土资源部办公厅关于支持四川省巴中市扶贫攻坚意见的函》（国土资厅〔2016〕958 号），制定了 6 条特殊支持政策措施。在支持巴中市开展城乡建设用地增减挂钩政策措施方面明确指出，属于扶贫开发和生态移民的，可在省内跨县、市开展增减挂钩，以更好解决农民搬迁安置资金困难，但要把获得的增减挂钩效益全额返还农村，促进相关工作顺利开展。

（二）四川政策

1.《四川省跨县级行政区域设置城乡建设用地增减挂钩试点项目区管理规定》（川国土资发〔2015〕53 号）

2015 年 8 月，为认真贯彻落实省委十届六次全会精神，进一步优化增减挂钩试点改革，扎实推进精准扶贫工作，根据《中共四川省委关于集中力量打赢扶贫开发攻坚战，确保同步全面建成小康社会的决定》和《四川省人民政府办公厅关于优化城乡建设用地增减挂钩试点改革的意见》（川办发〔2015〕69 号）的要求，省国土资源厅研究制定了《四川省跨县级行政区域设置城乡建设用地增减挂钩试点项目区管理规定》（川国土资发

〔2015〕53号），重点就跨县级行政区域设置城乡建设用地增减挂钩试点项目区提出了具体政策措施，加大了对巴中市等连片特困地区和其他国家扶贫开发工作重点县的扶贫开发和生态搬迁工作的支持力度。

2.《四川省国土资源厅关于进一步做好城乡建设用地增减挂钩试点管理工作的通知》（川国土资规〔2018〕4号）

在国家发布相关政策文件之后，四川省根据本省情况，对增减挂钩项目的实施作了详细的规定。其主要内容如下：

一是要求夯实工作责任，进行实质性审查。要进行实施规划审查、实施规划初验、竣工验收复检。其中实施规划审查重点审查项目是否符合申报条件，拆旧地块最新年度变更调查数据、遥感影像、实地三者是否一致，勘测定界成果是否界址清楚、面积准确，群众意愿、土地权属等举证材料是否齐备、真实等。

二是对投资收益进行严格控制。鼓励地方政府加大增减挂钩政府财政资金投入，建立增减挂钩项目支出预算制度，严格实行"收支两条线"管理，严格规范社会资本参与项目的获益方式。支持中介机构、企业等在参与增减挂钩交易过程中获取其正常服务报酬或工程利润，但不允许其参与建设用地指标市场溢价后的分成。与易地扶贫搬迁等特殊政策支持项目统筹整合的增减挂钩项目试点一律由政府财政资金投入实施。

三是农民自愿退出宅基地的需预留建设用地指标给集体。对新申报的项目区实施规划，涉及农民自愿退出宅基地的，按照人均80平方米预留指标给村集体经济组织统筹使用，专门用于调剂"一户一宅"宅基地或优先用于农村新产业、新业态等发展用地。

四是允许相对分散安置。深度贫困地区确实难以选址集中安置新建，原则上允许相对分散安置，但安置对象必须来自藏家新居、牧民定居计划、彝家新寨、易地扶贫搬迁等特殊政策性项目。

五是进一步加大监管和惩处力度。增减挂钩项目区申请验收时，拆旧复垦必须全面完成，验收后需及时纳入年度变更调查统计，上图入库。建立抽查监管制度，按照不低于10%的比例随机抽查，并对涉嫌弄虚作假的情况实行"一票否决"制度。

四川省出台的政策文件相对比较细化，在中央政策文件的指导下，对一些关键环节的实施进行了补充，对可能出现的问题设定了保障方案并进行严格监管，确保了政策顺利执行。

（三）市、县政策

四川省乐山市马边彝族自治县（简称马边县）、四川省巴中市分别位于乌蒙山片区和秦巴片区，是四川省重要区域扶贫开发区，两地在利用增减挂钩项目支持脱贫攻坚项目方面取得了显著成效。马边县属深度贫困县，和浙江省绍兴市越城区成功签订全国"第一单"，是增减挂钩节余指标跨省域流转的先行者。巴中市是四川省重点贫困区，在四川省内已流转大量建设用地指标。

1. 巴中市

2015 年，巴中市制定了《巴中市深化城乡建设用地增减挂钩试点改革方案》（巴府办发〔2014〕49 号），指出要在保障农民权益的基础上，借助省内跨区域开展增减挂钩的政策机遇，助推"巴山新居"建设，改善农村生产生活条件，并在同年 2 月正式推出了 27 个城乡建设用地增减挂钩项目。

2016 年，巴中市出台了《巴中市城乡建设用地增减挂钩项目实施指导意见（试行）》（巴国土资发〔2016〕103 号），该意见明确规定了项目拆旧复垦以及农民集中区规划建设的基本原则、项目实施基本要求。

首先，在拆旧区的选择方面，要在农民自愿参与的基础上，选择参与整理的农村宅基地、废弃工矿用地等农村建设用地整理地块，并且要优先安排易地扶贫搬迁村。同时明确规定了拆旧区的复垦耕地质量标准，包括地面坡度、有效土层厚度、排灌保障率、土壤质量、耕地质量等级、配套设施等方面。

其次，在农民集中建新区方面，一是在规定农民集中建新区的选址原则的基础上，明确了聚居规模：在坚持"宜聚则聚、相对聚居"的前提下，建新区规模由各地根据实际情况自行确定，原则上以不低于 10 户为宜，人均综合用地控制在 50～70 平方米。实行货币化安置的，按照人均 50 平方米的标准在农民集中居住区预留安置用地。二是明确了建新区的基础设施和公共服务设施建设基本要求：在农民集中居住区内，按照"保基本"的要求，实现"五通"（通路、通电、通水、通电视和通信）、"五有"（有 1 个活动广场、1 个购物中心、1 个卫生室、1 个文化站、1 个垃圾收运点）、"五化"（道路硬化、路灯亮化、村庄绿化、环境净化、庭院美化）。

最后，在项目实施方面，要在切实保障农民合法权益的基础上，改进增减挂钩实施机制，严格项目区实施监管，加强项目节余指标管理。对于社会资金参与实施的增减挂钩项目，应根据有关政策规定和县（区）政府确定的投资协议，对指标权益享有者进行准确界定；对有政府性资金投入的社会投资项目，要根据政府审计部门认定的投资总额和政府性资金投入金额，按投资比例确定政府性资金产生的节余指标数量，其权益归县（区）政府享有；对结合易地扶贫搬迁实施的社会投资增减挂钩项目，建档立卡贫困户搬迁形成的节余指标归县（区）政府所有，社会资金对建档立卡贫困户的旧宅基地复垦等工程有投入的根据其投资比例确定节余指标分配数量。

《巴中市城乡建设用地增减挂钩项目区实施规划审查工作规则（试行）》《巴中市城乡建设用地增减挂钩项目初验工作（试行）》（巴国土资发〔2016〕103号）两个文件分别对项目的前期审查和后期验收工作作了相关规定。在规划审查方面，审查单位为市局直属事业或县区国土资源局，其内业审查和外业审查都需符合有关规定；在项目初验方面，明确了项目初验工作程序及要求、项目核查验收的主要内容和职责分工，并对拆旧地块落实情况、复垦耕地面积和质量以及农民集中居住区建设情况的验收标准作出了规定。

2. 马边县

《马边彝族自治县人民政府办公室关于审定我县城乡建设用地增减挂钩试点实施办法议定事项的通知》（马府常定〔2016〕47号）确定了马边县增减挂钩项目的实施办法。2016年3月，马边县国土资源局拟定《马边彝族自治县城乡建设用地增减挂钩试点实施办法》（马边国土资〔2016〕27号）并报县政府审定通过。按该实施办法的规定，挂钩项目实施应与新农村建设、彝家新寨建设、易地扶贫搬迁、地质灾害搬迁、发展现代农业相结合。挂钩试点项目可采取政府作为投资主体的模式，也可以采取PPP模式运作，资金筹集渠道包含了"吸收其他社会投资资金"。在指标管理中，规定"在优先保障本县范围内农民安置和生产发展用地前提下，可将节余挂钩周转指标在省域范围内进行交易，指标出售后的价款由县财政收取"。

在此基础上，2016年，马边县国土资源局制定了《2016年度实施城乡建设用地增减挂钩试点补偿安置拆迁方案》（马边国土资〔2016〕63号）。该方案明确了拆旧地块认定条件：①依据全国第二次土地调查土地利用现状图、正射影像图以及年度土地变更调查数据，将农民宅基地等核定为集体建设用地的地块确定为拆旧地块。②按照拆旧地块大于建新地块的基本要求，依据实地勘测数据，将农民宅基地等集体建设用地面积大于应安置建房综合用地面积的地块确定为拆旧地块。明确了被拆迁安置对象的条件、拆旧区拆迁补偿标准、建新区拆迁补偿标准、建新区房屋安置标准、货币化安置方式等。其中值得注意的是，要求人均居住建筑面积为30平方米，人均综合用地面积应达到50平方米，申请入住的农民原则上要达到10户以上，同步配套实施公共基础设施和公益事业设施建设。农民以户籍人口选择安置房户型，按成本价购房，需增加面积的住户需添加购置资金。对选择集中区安置方式的农民，按照每户给予30 000元的建新安置费（已享受彝家新寨、易地扶贫搬迁、地灾搬迁等补助政策的农民除外）。对选择货币化安置的农民，除享受拆旧区地上建（构）筑物补偿外，另外支付货币化安置补助费30 000元，补助费按三批发放。

之后，马边县国土资源局又出台了《2016年度实施城乡建设用地增减挂钩试点补偿安置拆迁方案》的补充方案，对其中的一些补偿标准进行了细化、补充、修改。至此，补偿方案完全确定，并在劳动乡、柏香村、先锋村等7个乡23个行政村组增减挂钩项目中实施，同时引导和鼓励该乡镇其他行政村组有意愿的农民积极参与。

在实际操作过程中，马边县与马边金土地睿新土地整理公司（全名为"四川金土地实业有限公司"，属民营企业，后面称"金土地公司"）达成协议，金土地公司按投建一体的方式完成项目前期所有工作、项目实施、项目区变更、项目验收等工作。为响应国家政策文件，确保国土资源部政策红利充分用于脱贫攻坚工作，和金土地公司达成谅解文件，形成《马边县与马边金土地睿新土地整理公司投资我县13个乡镇城乡建设用地增减挂钩项目谅解备忘录》。备忘录在节余挂钩指标认定、立项规模控制原则、全过程跟踪审计原则、高质量复垦验收原则、回购最高限价原则等方面形成了原则性共识。

3. 泸县

与乐山及巴中的建设用地指标产生方式不同，泸县作为全国农村土地改革试点县之一，依托闲置宅基地自愿有偿退出制度，产出了大量建设用地指标。依据中央部署和国土资源部要求，泸县有序开展了宅基地改革，在宅基地有偿使用、自愿退出、民主管理等方面进行了积极探索。2017年泸县发布了《泸县农村宅基地退出节余建设用地指标交易实施意见》《泸县农村宅基地退出节余建设用地指标交易暂行规定》《泸县农村宅基地退出节余建设用地指标交易操作流程》等文件，分别从交易流程、交易方式、交易主体以及各主体的权利与义务等方面对农村宅基地有偿退出节余建设用地指标交易进行了详细的规定。例如，泸县政策规定，节余建设用地指标只能在县域范围内进行交易，转让与受让主体是拥有节余指标的村级集体经济组织、镇人民政府（街道办事处）、县人民政府。县人民政府授权县土地统征和储备中心参与指标交易，其他转让人不得直接参与指标交易，但可委托集体资产管理公司进行指标交易。除经县人民政府批准为协议转让的之外，节余指标交易应当采用招标、拍卖或者挂牌方式公开交易。

二、不同项目实施政策的比较分析

（一）指标省域内交易与跨省域交易的政策比较

1. 政策实施差异

城乡建设用地增减挂钩项目实施所产生的建设用地指标在省域内或跨省域交易，无论在实施对象和实施程序上均有较大不同，前文已从政策层面进行了详细梳理，在这里提炼关键部分，通过表格形式展示两者之间的差异，具体如表6-1所示。

表6-1　指标省域内交易与跨省域交易的政策实施差异

	指标省域内交易	指标跨省域交易
实施对象	集中连片特困地区、国家扶贫开发重点县、开展易地扶贫搬迁的贫困老区在满足相关指标流转前提下，各省（区、市）可决定是否全部或部分流转省级贫困区的节余指标	"三区三州"及其他深度贫困区

表6-1(续)

	指标省域内交易	指标跨省域交易
管理方式	由各省(区、市)统筹管理,地方拥有一定的决定权,指标转入地和转出地可以协商谈判	国家统筹。国土资源部根据各省(区、市)情况测算确定跨省域调剂节余指标任务,经国务院批准之后下达
价格确定	各省(区、市)自行确定,四川省内基本为29.5万元/亩	国家统一制定价格,节余指标调出价格根据复垦土地类型、质量确定,节余指标调入价格根据地区差异确定

2. 优劣分析

在了解两种政策实施的差异之后,可以发现两种政策的优劣之处较为明显。建设用地指标省域内交易的优点在于:①灵活性较强,在实际操作中,指标转出地和指标转入地可以直接谈判交易,例如巴中市和成都市高新区的谈判。②地域障碍较小,在各省积极推进增减挂钩节余指标交易的大背景下,省内交易更容易达成协议。③在价格制定方面灵活性较强,不同省(区、市)可自行制定交易价格。④有利于本省经济发展的协调。各省(区、市)有权决定指标在省域内或者市域内交易,这有利于满足本省建设用地指标缺乏的城市用地需求,进而促进本省经济的协调发展。其缺点在于:①交易价格较低,四川省目前大多数地区的指标交易价格为29.5万元/亩,而跨省域交易价格明显较高,指标调出地复垦为一般耕地或其他农用地的价格为30万元/亩,复垦为高标准农田的价格为40万元/亩,指标调入地缴纳的费用更高。②省内指标供需存在缺口,增减挂钩政策在支持扶贫攻坚时效果受限。本省的增减挂钩节余指标的供给和需求很难达到均衡,经济发展水平较低、贫困区较多的省拥有较多的节余指标,但是对这些指标的消化能力不足。而东部一些发展水平较高的地区需要大量的新增建设用地指标,但省内供给不足。单单依靠省内交易,很多时候不能有效实现指标交易,增减挂钩政策在脱贫攻坚方面效果不明显。

建设用地指标跨省域交易和省域内交易有一定互补性。跨省域交易的优点在于:①指标交易价格较高,指标调出地可获得更多收益,用于扶贫攻坚。②可满足指标供需缺口,拓宽深度贫困地区指标交易范围,有利于加速深度贫困地区的脱贫进程。③深度贫困地区指标跨区域交易之后,本省其他贫困地区的节余指标可以更多地在省域内交易，有利于增加贫困地区较多省份的指标交易量，拓宽扶贫范围，充分发挥增减挂钩政策在扶贫方面的潜力。其缺点在于：①跨省域交易节余指标由国家统筹协调，过程复杂，灵活性不如省域内交易。马边县与绍兴市越城区的交易未能达成的主要原因是交易价格需要全国统筹确定，不能自行协商确定。②跨省域交易节余指标不利于本省长期发展。深度贫困地区的节余指标跨区域交易之后，虽获得了较多的资金收益，但让渡了一定的发展空间，从可持续发展来看，指标调出地在未来发展上会受到一定的限制。

（二）增减挂钩项目与易地扶贫搬迁项目的政策比较

1. 政策实施差异

从对马边县和巴中市的调研情况看，增减挂钩项目和易地扶贫搬迁项目的结合改善了贫困地区贫困户、临界贫困户的居住条件，为贫困地区脱贫攻坚带来了较大的资金支持，实现高质量脱贫。但两个政策归不同部门统筹主管，要求完成年限不统一，在实施方面也有较大的差异。具体情况如表6-2所示。

表6-2　增减挂钩项目与易地扶贫搬迁项目的政策实施差异

	增减挂钩项目	易地扶贫搬迁项目
主管部门	国土资源部门	发展改革部门
资金来源	节余指标流转收益	国家专项资金+当地财政投入
基本条件	在国土资源局规划项目规划范围内、拆旧区在全国第二次土地调查中为集体建设用地	建档立卡贫困户、"一方水土养不起一方人"的贫困地区
操作形式	以项目形式执行	按户补贴、任务制
住房面积	建新区面积小于拆旧区面积	人均住房面积不低于18平方米，不高于25平方米
补偿标准	拆旧补偿费+安置费	各地有一定差异，但与增减挂钩相比，补偿较高
自筹资金	没有限制	每户自筹资金不能超过10 000元，每人自筹资金不超过3 000元
建新区要求	不占用基本农田、集中安置	原则上可占用基本农田、可分散安置

2. 优劣分析

通过前文对增减挂钩政策和易地扶贫搬迁政策的对比，两者的优劣可从以下几个方面分析：在实施对象方面，增减挂钩政策对参与对象的要求多限于拆旧区，而易地扶贫搬迁则要求必须是贫困户。相较于易地扶贫搬迁，增减挂钩政策涉及的范围更广，能解决一些临界贫困户的住房问题，有助于扩大扶贫范围，实现共同富裕。但对拆旧区、建新区的种种限制导致部分农民不能享受政策，部分地方选址困难、复垦困难阻碍了项目推进。易地扶贫搬迁针对性强，实施要求相对宽松，能及时有效解决建档立卡贫困户住房问题，但是"一刀切"的结果是可能产生临界贫困户。

在资金方面，增减挂钩的资金来源于建设用地指标交易后所取得的收益，其优点在于通过指标流转，贫困地区可以自主赚取扶贫资金，减小了国家扶贫压力，有利于推进扶贫工作的顺利进行。其缺点在于：增减挂钩资金到项目结束之后才能完全下放，政府很多时候无力承担前期高额投入，很多时候资金难以完全配套，部分地区需引入社会资本，但这又会使政策红利不能完全用于扶贫。这种方式实质上是贫困地区出让了一部分未来的发展空间，对当地未来可持续发展有一定影响。易地扶贫搬迁的资金来源于国家专项扶贫资金和当地财政扶贫资金，其优点在于资金是有计划、有标准投入的，不会出现资金链断裂的问题，能及时解决贫困户住房问题。其缺点主要是对政府资金较依赖，导致贫困地区主动脱贫、高质量脱贫动力不足。

在政策操作层面，这两种政策在实际操作中要求、标准都不同，这也导致两种政策在操作时也有优劣差异。增减挂钩政策的优点在于：以项目形式推进，涉及村庄、农民较多，可实现农民集中，对建设用地节约程度较高；对住房面积要求较低，农民可以选择较为宽敞的户型，住房更为舒适，更能满足生产需要；户型一般较多，对自筹资金没有限制，农民可以多出一部分资金修建更为舒适的住房。其缺点在于：补助标准不高，农民在参与项目时需自筹较多资金；部分地区为集中安置使农民的住房离承包地太远，不利于日常生产。易地扶贫搬迁的优点在于：在选址困难地区，易地搬迁户可适当占用耕地、可分散安置；人均住房面积较小，土地节约程度较高；住房补助较高，部分贫困户建房之后会有一部分节余收益；对农民建房自筹资金有严格限制，防止贫困户在住房方面投入过多，加剧贫困程度。其缺点在于：住房面积较小，不能满足农民生产生活的需要，住房舒适度不高；易地扶贫搬迁很多时候是一种政治任务，时间要求紧，在实际操作时往往会忽略一些问题，不能最大限度增加贫困户福利。

（三）增减挂钩项目与彝家新寨项目的政策比较

2011 年四川省民生工程新增彝家新寨住房建设，用于解决彝族聚集区居住条件和住房条件特别困难群众的住房问题。随后，马边县出台相关的彝家新寨实施方案，在县民族事务局牵头下大力开展小凉山综合扶贫彝家新村建设。其间，马边县解决了大部分彝族聚集区贫困家庭的住房问题，并将彝家新寨与乡村旅游结合，拉动经济发展。目前烟峰镇彝家新寨已挂牌 AA 景区，马边县的火把节每年也会吸引大量旅客。

1. 政策实施差异

彝家新寨项目启动较早，较多项目已经完工验收，到 2019 年基本结束，和增减挂钩项目结合较少。增减挂钩项目和彝家新寨项目的区别如表 6-3 所示。

表 6-3　增减挂钩项目和彝家新寨项目的区别

	增减挂钩项目	彝家新寨项目
资金来源	建设用地指标交易收益	专项扶贫资金（中央 80%，市县 20%）
基本条件	在国土资源局规划项目规划范围内、拆旧区在全国第二次土地调查中为集体建设用地	"三房户"（2017 年之前）、建档立卡贫困户（2017 年之后）
住房面积	新建面积低于拆旧面积（人均 30 平方米）	人均不超过 30 平方米，户均不超过 150 平方米
户型特点	户型较多	6 种户型，设有彝家新寨标准图集
补偿标准	拆旧补偿和每户 3 万元安置补偿	新建 4 万元，改建 2 万元，到新建集中点或搬迁进入往年集中点再奖励 1.5 万元
安置条件	集中安置	集中建房达 6 户以上，允许分散安置，允许原拆原建

2. 优劣分析

前文已经对增减挂钩政策的优劣进行了全面分析，这里就不加赘述。通过将彝家新寨政策和增减挂钩政策作比较之后可以发现，彝家新寨政策的优点在于：住房安置充分考虑马边彝族聚集区贫困群众的生产生活，房屋建筑具有浓厚的彝族风格，在建址和面积方面比较宽松，农民对住房的满意度较高；能充分展现民族特色和乡土风情，发展旅游业，带动区域脱贫；资金来源于专项扶贫资金，项目推进较快。其缺点在于：项目实施较早，实施条件宽松，不能和增减挂钩项目实现较好地结合，建设用地节约量较少，节余出的建设用地指标未能更高效利用。

第二节　乐山市马边县建设用地指标跨区域交易实践

马边县位于四川盆地西南边缘小凉山区，地处四川省乐山市、宜宾市、凉山彝族自治州接合部，辖区面积 2 304 平方千米，辖 20 个乡镇，9 个社区、114 个村，1984 年成立彝族自治县。该县自然资源富集，有耕地 20.7 万亩、林地 245.6 万亩，森林覆盖率为 54.6%。马边县是国家扶贫开发工作重点县、大小凉山综合扶贫开发县、乌蒙山片区区域扶贫开发县、中央纪委和四川省纪委、四川省投资促进局、四川省电力公司定点帮扶县，四川省扩权强县试点县。

一、增减挂钩项目实施情况

截至 2019 年 1 月底，马边县获批增减挂钩项目 33 个，涉及行政村 20 个，涉及挂钩周转指标规模 794.52 公顷，累计拆旧复垦面积 3 000 余亩，已建成农民集中居住区 8 个共 97 户。其中，社会资本参与项目 26 个，涉及行政村 15 个，涉及挂钩周转指标规模 585.96 公顷、累计拆旧复垦面积 91.63 公顷，建成农民集中居住区 7 个共 84 户。

2017 年，马边县政府通过公开招商的方式与金土地公司达成协议，由金土地公司承担 13 个乡镇的城乡建设用地增减挂钩项目，金土地公司按投建一体的方式完成项目前期所有工作、项目实施、项目区变更、项目验收等工作。其中的投资和费用全部由金土地公司承担，最终分成时，马边县政府占 15% 的节余指标，金土地公司占 85% 的节余指标。

2018 年，四川省国土资源厅下发《关于进一步做好城乡建设用地增减挂钩试点管理工作的通知》（川国土资规〔2018〕4 号），要求对投资收益进行严格控制。按照该文件要求，马边县对全县的增减挂钩项目进行整改，调整利益分配方式，规范对外公开招商的增减挂钩项目管理，与金土地公司达成谅解协议。新的分成和项目管理方式如下：项目完成后，马边县政府按之前的招商合同约定，扣除政府15%的指标分成，之后根据审计认定的投入成本测算亩均投入成本，在亩均投入成本的基础上给予15%的合理利润作为亩均回购价。也就是说，企业的最终收益为其投入成本的15%。在回购价基础上，还需要扣除 0.5 万元/亩的复垦质量保证金和 0.5万元/亩的集中点基础设施投入保证金，保证金在项目验收并取得省国土资源厅验收合格证之后退回。同时，要求亩均回购价不高于省内流转价格29.5 万元/亩，高于的按 29.5 万元/亩计算，低于的按实价计算。经此政策调整后，社会资本的收益率得到了有效控制，跨省域流转的收益能更多用于扶贫工作。

　　总体上看，尽管增减挂钩项目实施进展较为顺利，但也面临一些亟待解决的问题。一是农民安置小区建设选址难。一方面，在我国，贫困地区多分布在山区以及自然条件恶劣的地区，例如本次调研的马边县和恩阳区就分别处于乌蒙山片区和秦巴山片区。在这些地区，地势高低起伏，生态环境脆弱并且水土流失严重，很难寻找到适合集中修建农民安置小区的地块。另一方面，在广大的农村，修房造屋需看风水的观念依然存在，因此，在安置小区的选址上，还要考虑农民的旧观念，这又为选址工作增加了难度。二是跨镇村安置导致村民治理难度加大。受到农民集中安置区选址难等问题的限制，在增减挂钩项目实施的过程中，经常涉及跨镇村安置村民的情况，一方面，居住区域变化带来了新迁入村民与原村民之间的融合问题；另一方面，搬迁后村民仍属于原来村落的集体成员，而住在同一安置小区的村民又来自不同的村落，基层治理的难度加大了。以马边县雪口山乡黎明村的项目为例，该项目虽选址落在黎明村，但是在参与该项目一期工程的 100 多户农民中，只有大约 10 户村民来自黎明村，其余农民均来自其他村落，其中搬迁最远的村民来自温水淡村，其搬迁垂直距离为 20多千米，这必然会给后期的治理带来困难。首先，从现场情况来看，在安置小区周边还有黎明村内未参与该项目的村民，其居住环境与建新区相比存在较大差距。这部分村民后期是否可能会出现心理不平衡的情况？其次，安置小区内村民分别来自 8 个不同的村，这无疑加大了后期基层治理的难度。

二、增减挂钩指标跨区域交易情况

2017 年 12 月 28 日，马边县与东西部扶贫协作帮扶单位浙江省绍兴市越城区成功签订 7 000 亩指标跨省流转协议，流转价格为 72 万元/亩，协议由两县直接交易的形式签订，协议总额为 50.4 亿元。越城区先行支付预付款 1 亿元，全部用于马边县农民补偿安置、拆旧复垦及脱贫攻坚工作。作为城乡建设用地增减挂钩节余指标跨省域流转的全国"第一单"，该交易产生了较大影响力，增强了贫困地区主动利用增减挂钩政策脱贫攻坚的信心。

以马边县为例，原本与越城区达成 72 万元/亩的交易价格，但是由于 2018 年 3 月国务院办公厅出台文件统筹全国跨省域指标交易价格，原本的交易价格下降，交易迟迟无法达成。根据两地区前期谈判的结果，可看出东部地区对于节余指标的需求较高，指标报价明显高于全国统筹后的交易价格。而全国统筹后指标交易价格被压低，指标调出地能够获取的资金收益减少，从一定程度上影响了指标转出方的利益。因此，在有效防控风险的基础上，实行动态化的指标交易价格机制，将让增减挂钩政策对支持贫困地区发展起到更大推动作用。

三、增减挂钩项目实施后的产业发展情况

扶贫攻坚不仅要改善贫困地区农民的居住、生活问题，而且要发展乡村产业，通过产业带动农民脱贫致富。以马边县雪口乡黎明村为例，该村易地扶贫搬迁安置点有 328 户搬迁户，分别来自周边村组，搬迁最远距离为 20 多千米，最近为 2~3 千米，平均为 5 千米。为解决黎明村及周边乡村农民就业增收问题，雪口乡积极招商引资，配备马边扶贫车间项目、雪口山河流域现代农村产业示范园区项目、雪口山漂流综合项目等。2018 年 8 月，马边县政府与浙江绍兴勇大针坊工艺有限公司（以下简称勇大公司）签订协议，在雪口乡黎明村开办马边扶贫车间项目，以促进马边产业发展，丰富产业业态，助推产业扶贫，进一步解决马边部分务工人员尤其是建档贫困户的就业问题。该公司结合当地政府、企业力量共同发展服装加工产业，力推扶贫攻坚。项目分两个阶段实施：第一阶段为 2018 年投资 2 000 万元在雪口山乡黎明村建设服装加工厂，购置加工设备，项目建设

期限 6 个月，解决就业岗位 100 个；第二阶段在试点成功的基础上，利用 3~5 年的时间，在每个乡镇选取条件合适的地点建设服装加工点，实现规模化生产。整个项目规模概算总投资暂定 2 亿元。目前，黎明村的扶贫车间已经正常运行，解决就业岗位 100 多个，工资在 2 000~8 000 元。在县人社局和勇大公司的合作下，马边县为黎明村及附近村庄的贫困户提供了专业的技术培训，提高了他们的就业能力。

第三节　巴中市建设用地指标跨市交易

一、增减挂钩项目实施情况

巴中市增减挂钩项目自 2015 年开始具体实施。从 2015 年起，巴中市要求增减挂钩项目要与贫困村联系，指标申报在地域上偏向于贫困地区。截至 2019 年 1 月底，四川省国土资源厅共批复 215 个项目区，批复挂钩周转指标 5 148.583 1 公顷（77 228.746 5 亩），涉及 657 个行政村（其中建档立卡贫困村 342 个）。开工建设项目区已累计拆旧复垦 1 874.67 公顷（28 120.05 亩），建成农民集中居住区 947 个（建新套数为 22 668 套），安置人数为 109 490 人（其中货币化安置人数为 26 034 人），累计资金投入 55.373 3 亿元。累计验收 51 个项目区，验收面积 815.338 9 公顷（12 230.083 5 亩），其中城镇建新区可使用挂钩周转指标 659.438 1 公顷（9 891.571 5 亩）。在已开工建设项目中，政府投资项目 25 个，投资资金 15.304 5 亿元；社会投资项目 126 个，投资资金 39.586 0 亿元；同时涉及政府和社会投资的项目 2 个，其中政府投资 0.090 0 亿元，社会投资 0.392 8 亿元。

二、建设用地指标跨市交易情况

在建设用地指标交易资金管理方面，为避免巴中市内各区县各行其是，扰乱增减挂钩节余指标流转秩序，巴中市所有的增减挂钩建设用地指标交易协议均由市政府对外签署，并设立全市统一的指标流转平台，负责指标流转中的技术性、事务性工作。按照巴中市国土资源局拟定的收购计划和相关管理办法，以市政府确定的统一收购价格收购县区增减挂钩节余指标。具体操作如下：由巴中市政府对外签署所有的增减挂钩节余指标流转协议，交易价格为 29.5 万元/亩；其中 4.5 万元留在市政府，交由财政统筹，主要用于全市范围内的农村建设，区县如需使用，可由区县国土部门代表区政府向巴中市政府申请，剩余 25 万元交给区县政府进行具体安排。以巴中市恩阳区为例，该区政府留取 1.25 万元用于农村建设，剩余 23.75 万元交由国有平台公司做项目，国有平台公司收取其中的 0.75 万元以后，可以通过招商的方式引入其他企业或与其他企业合作来完成项目。但根据巴中市国土资源局的相关文件规定，项目的投资成本不得低于 16.7 万元/亩。在增减挂钩项目农民安置补偿方面，恩阳区按照拆旧区建筑面积进行补偿，原宅基地以滴水为界测算面积，按照 10 万元/亩的标准进行补偿。

2016 年 10 月，成都市高新区管委会与巴中市人民政府达成协议，以 29.5 万元/亩的价格购买巴中市 166.374 8 公顷（2 495.622 0 亩）的节余指标，交易总额为 73 620.849 万元，这是巴中市"省内跨县、市开展增减挂钩交易"的"第一单"。

三、增减挂钩项目实施后的产业发展情况

巴中市恩阳区下八庙镇安居村辖区面积为 6 平方千米，耕地面积 1 661 亩，总户数 570 户，下辖 9 个村民小组，总人口 2 000 余人，在家留守的居民有 800 余人。近年来，安居村抓住发展现代农业园区这个"牛鼻子"，探索建立"'三引'导向、'四联'共融、'四扶'配套"的产业园区发展模式，走出了一条现代农业引领乡村产业振兴的新路子。安居村现有农业生产园区 3 个、农业专业合作社 5 个、家庭农场 12 个。经过近几年的产业扶持，该村实现农业总产值 2 559.67 万元，农民人均可支配收入达到 1.12 万元，位居全镇之首。

在产业发展方面，安居村主要是靠吸引本地有经济基础的村民或其他社会资本，引入有关农业生产技术以提高产值，通过土地流转的方式实现规模化经营。而安居村在土地流转方面的第一条规定就是项目投资者在用工时必须在同等条件下优先录用本村村民。因此，安居村通过土地流转的方式，在增加农业产值的同时，也从两个方面增加了农民收入：一是土地流转租金收益（全村统一流转租金为每年 600 元/亩），二是农民在安居村所引入的各个产业中做工获得的工资（每人 60 元/天），人均可获得年工

资 5 000 元左右。安居村坚持走绿色高质量发展路子，推动产业转型升级和专业化生产，以原乡有机食品生产基地为引擎，积极培育新产业、新业态。全村成片流转土地 3 000 亩，建成特色水果示范区 1 325 亩、精品粮油示范区 550 亩、稻鱼（虾）共生示范区 165 亩、生态畜禽专业养殖场 2 个、绿色大棚蔬菜 120 亩。以该村的原乡农庄项目为例，项目由四川原乡农业开发有限公司投资建设，该公司系本地企业返乡创业，属恩阳区重点招商引资项目，于 2015 年 11 月通过招引落户下八庙镇安居村和钱库村，总投资 3 亿元。该项目规划分三期：一期建设有机种养示范园区，包括高品质水果示范区 625 亩、精品粮油示范区 550 亩、鱼（虾）稻共生示范区 65亩、山地梅花鸡保种繁育区 3 500 平方米以及展示接待中心、技术研发中心、农民教育培训中心；二期建设休闲旅游农业园区 980 亩，主要以农民专业合作社的形式，让农户充分参与经营，利用有机种植经验和区域生态优势，打造地方特色有机农产品基地；三期建设有机农业种植区 1 970 亩，实现规模化种植和管理。截至 2021 年 3 月底，项目以原乡农庄产业化联合体为载体，充分发挥集科研、种植于一体的优势，已建成地跨恩阳区双胜、下八庙、柳林、尹家等镇占地 5 260 亩的农业园区，发展优质粮油、特色种养等产业。联合体负责制订生产标准，指导旗下企业、协会、大户按标准生产，产品再由联合体统一回收，并全面负责打造品牌①。

第四节　泸州市泸县宅基地有偿退出节余指标跨县交易

　　泸县位于长江、沱江交汇区，地处成渝经济区环渝腹地，是全国农村土地改革试点县及新一轮深化农村宅基地制度改革试点县。其辖区面积为1 532 平方千米，辖 19 个镇，1 个街道，251 个村，50 个社区，人口 109万，其中农村人口 92.7 万。其耕地面积为 127.3 万亩，农村宅基地面积为24.6 万亩，人均宅基地为 170 平方米。随着经济社会的发展，泸县 90%以上的农村劳动力就近或外出务工经商，先富起来的农民纷纷进城镇、进新村定居，有 3.9 万宗、3.2 万亩农村宅基地处于闲置状态。

---

① 　白水，李红. 恩阳乡村振兴新样板风帆正举 [N]. 四川农村日报，2021-93-04 (007).

一、宅基地有偿退出实施情况

按照以人定面积的原则（人均 30 平方米住宅、20 平方米附属设施用地），泸县实行法定无偿、节约有奖、超占有偿的宅基地分配制度，激励农民在住有所居的前提下自愿退出多余的、空闲的宅基地，这些退出的宅基地就形成了建设用地指标。

宅基地退出节余建设用地指标的产生主要有以下四个步骤：一是拆除复垦。由各乡镇（街道）政府牵头，各村级组织具体实施，复垦资金由地方政府先行垫付，待项目验收并产生建设用地节余指标后，政府再从村集体经济组织节余指标交易后的金额中予以扣除。二是复垦验收。由镇人民政府初验、县人民政府终验，核发验收合格证并报省、市国土资源部门备案。三是复垦耕地管理。复垦地块由农民耕种，确保耕地质量不低于新占耕地质量。四是形成台账。指标须纳入台账进行统一监测与管理，建成指标交易平台。

二、宅基地有偿退出后建设用地指标交易情况

自开展宅基地制度改革以来，泸县对宅基地的使用总量实行层级管理，达到只减不增、动态平衡的效果。通过"法定无偿、节约有奖、超占有偿、退出补偿"等方式鼓励农民退出宅基地，节余指标在优先满足本地发展需求的前提下，可通过市场化方式在公开平台交易。2017 年 3 月 28 日，泸县在县公共资源交易中心成功举行了农村宅基地有偿退出节余建设用地指标拍卖会。得胜镇东皇殿村、荞子坝村和天兴镇一心村、场口村 4 个村共 83 亩农村宅基地退出节余建设用地指标，通过公开拍卖的方式在县域范围内的村级集体经济组织、县政府等之间竞价交易。4 个村的指标起拍价均为 7 万元/亩，最终喻寺镇谭坝村集体资产管理公司和玉蟾街道马溪河村集体资产管理公司分别以 7.8 万元/亩和 7.7 万元/亩的价格各竞得 2 个村的指标，成交额共 643.1 万元。这是泸县开展的农村宅基地有偿退出节余建设用地指标的第一场交易。

泸县探索了宅基地有偿退出节余指标的多种利用方式。

一是用于农民集中安置建新区建设或集体产业发展。节余指标可以用于自愿退出宅基地的农民在中心村新建房屋，或者由村集体经济组织收回

就地重新分配使用，可保留集体建设用地性质，用于公益事业、公共设施建设和村级经济发展，也可由集体经济组织安排给有购买意愿、有支付能力的村民有偿使用。

二是调整入市。节余建设用地指标可以通过调整转化为集体经营性建设用地，凭证入市。关于泸县退出宅基地指标的入市方式，《泸县农村集体经营性建设用地入市管理办法（试行）》（泸县府发〔2016〕50号）规定主要有两种：一是节余宅基地指标直接入市，仅限在各集体经济组织以及县统征与储备中心之间进行；二是将节余宅基地指标调整入市，根据土地利用总体规划，对零星分散的集体建设用地进行整治复垦，经县政府组织验收后，将指标按规划分类利用，可调整为县域内非公共用地项目，以协议、招标、拍卖或挂牌等异地入市。

三是政府收储。宅基地退出节余建设用地指标可以由政府保底收储，参考价按验收合格节余面积以综合单价每亩12万元～14万元（"四镇八村"按此价，新增试点价格为6万元/亩）的标准执行。县土地储备中心收储的指标可用于城市建设或招拍挂以获取国有土地出让收入，收益将交由集体经济组织。

泸县宅基地退出节余建设用地指标可以在县域范围内自由交易。其交易制度如下：①交易范围和主体。交易仅在泸县行政区域范围进行，主体为村集体经济组织、镇人民政府和县人民政府。②交易方式。指标以协议、招标、拍卖和挂牌方式公开交易，交易地点为县农村产权交易中心。③交易流程。首先是村集体经济组织"一事一议"，通过村民议事会决定交易相关事宜。然后是转让人向县交易中心提交材料并申请，在县交易中心收齐材料2个工作日内，与转让人签订委托交易代理协议。再次是县交易中心发布交易公告并组织交易。最后是成交、公布交易结果，交易双方签订合同和履约。④节余指标交易后，上级人民政府相应扣减转让指标的集体经济组织宅基地指标总量，变更或注销《宅基地有偿退出复垦地块验收证书》。

此外，当村集体资产管理公司有指标需求时，除了通过指标交易平台向县政府购买，也可以向保有节余建设用地指标的村集体资产管理公司购买指标，一律通过指标交易平台进行公开交易。受让村集体资产管理公司在拿到建设用地指标以后，在选定布局指标的地块开展对农民的补偿安置工作，再通过农村集体经营性建设用地入市与用地企业进行交易，使指标能真正落地使用。

四是县储备中心将收储的建设用地指标在县域范围内进行流转使用。县政府收储节余建设用地指标。在这一过程中，政府作为实际出资者，通过财政资金将指标交易的费用支付给集体经济组织，集体经济组织和农民对这些指标交易收入进行分配。截至 2019 年底，泸县参与宅基地有偿退出的农民有 2 946 户，共获得补偿资金 4 100 万元，集体经济组织结余资金 3 308.94 万元。政府通过在县域内流转获得流转收入，扣除政府在第一次增值中所支付的成本。截至 2019 年 12 月底，泸县已实现以每亩 28 万元的价格流转市外 3 000 亩，高于收储指标所支付的 7 万元~12 万元/亩，每亩约可实现 16 万元~21 万元的二次增值，归政府所有。由此可见，宅基地亩均增值 28 万元，其中 7 万元~12 万元分配给集体和农民（用于支付退出农民拆旧补偿以及安置费用、拆旧复垦工程费、集中安置建新区支出、配套设施和公共服务支出以及土地开发支出），16 万元~21 万元由泸县人民政府获得，形成财政收入。

第五节　建设用地指标交易实践的主要经验

通过对乐山市马边县、巴中市恩阳区、泸州市泸县的实地调研发现，增减挂钩政策既改善了农民的居住条件、住房条件，又能联合产业项目推动乡村产业兴旺，带动贫困地区脱贫致富，在试点地区深受农民欢迎。增减挂钩政策是脱贫攻坚战中的重要动力，为更好发挥增减挂钩政策的潜力，马边县、巴中市、泸县积极探索，着力解决农民住房问题，将增减挂钩节余指标跨省域交易和省域内交易做好做实，在城乡建设用地增减挂钩项目支持脱贫攻坚工作方面取得了良好成效。

一、增减挂钩项目与其他项目"打捆"实施

在实施增减挂钩项目之前，住房建设方面已有易地扶贫搬迁、彝家新寨、农村危旧房改造、地质灾害避险项目等。各种政策都有明确的实施对象，易地扶贫搬迁和彝家新寨针对建档立卡贫困户，农村危旧房改造和地

质灾害避险项目覆盖率小，针对性强。在政策实施中，出现较多家庭情况稍好于贫困户但住房条件也比较差的家庭因不是贫困户而不能享受这些政策，这些农民常称为临界贫困户。临界贫困户家庭条件差，入贫风险高，在没有合理帮扶和有效引导下较容易陷入贫困，帮助临界贫困户脱贫致富是高质量脱贫的重要内容。

增减挂钩项目与易地扶贫搬迁、彝家新寨、农村危旧房改造、地质灾害避险项目等的协同实施，有效解决了临界贫困户的问题，使贫困地区不同层次对象的大多数农民都能享受政策补助，有助于实现区域高质量脱贫。在马边县，有30%~40%的建档立卡贫困户选择了易地扶贫搬迁政策，享受到了较高的住房补助；有60%~70%的建档立卡贫困户选择了彝家新寨项目，搬进了具有彝族特色、符合彝族生产生活的新居；一些符合条件的临界贫困户和非贫困户享受到了增减挂钩政策，通过拆村并居改善了原有的居住条件；一些不符合增减挂钩项目条件且住房较差的非贫困户可享受农村危旧房改造和地质灾害避险项目。同时，马边县农村危旧房改造的资金来源于增减挂钩项目。增减挂钩项目与易地扶贫搬迁相结合，可以有效利用易地扶贫搬迁节约的农村建设用地，将其转化为节余指标，进而获取更多的扶贫资金用于扶贫和新农村建设。

二、充分运用市场化方式实施增减挂钩项目

增减挂钩项目不同于其他住房建设项目，增减挂钩以项目形式推进，项目申请过程中需要耗费一定资金，项目实施中资金按批次发放。《国务院办公厅关于印发跨省域补充耕地国家统筹管理办法和城乡建设用地增减挂钩节余指标跨省域调剂管理办法的通知》（国办发〔2018〕16号）中规定：城乡建设用地增减挂钩节余指标跨省域调剂的项目，财政部根据国土资源部核定的调剂资金总额，向深度贫困地区所在省份下达70%调剂资金指标，待完成拆旧复垦安置，经省级国土资源主管部门验收并经国土资源部确认后，财政部向深度贫困地区所在省份下达剩余30%调剂资金指标。增减挂钩项目前期投入大，而实施增减挂钩项目的多是贫困地区，政府收入微薄，无力承担高额的项目投入。以马边县为例，马边县每年财政收益为3亿元左右，土地、矿产收益占70%~80%，在与绍兴市越城区的交易中只拿到了1亿元预付款，根本无力承担前期的项目投入。而巴中市也有

相似的困难，因市财政无力承担项目投入，所以项目未能顺利开展。而城乡建设用地增减挂钩涉及项目申报、拆旧、土地开垦，内容复杂，技术性高，政府缺少人力、物力独立完成。

在增减挂钩项目实施的过程中引入社会资本参与，对于增减挂钩工作的开展具有重要作用。首先，如果是由政府主导增减挂钩项目实施，则前期需要垫付大量的投入资金，这无疑会增加政府债务，如果引入社会资本参与，垫付前期的土地整理以及农民安置补偿资金，则可以有效减少政府的债务负担。其次，从经济学的假设出发，企业作为市场主体，以追求自身利润最大化为目标，因此企业参与增减挂钩项目时，在前期会进行风险评估，在实施过程中会进行精益的成本控制，与政府主导的方式相比，更能在有效控制风险的情况下降低项目实施成本。最后，在土地整理方面，许多民营企业比政府更具有专业性，其实践操作能力也比国土部门更强，社会资本的参与可以有效降低项目实施难度，提高工作质量。

在政府财政资金不足的情况下，马边县和巴中市充分利用市场化机制，利用公开招标形式引入社会资本，项目最终得以开展。为加大扶贫力度，防止过多增减挂钩带来的收益过多流入社会资本，四川省国土资源厅出台了《四川省国土资源厅关于进一步做好城乡建设用地增减挂钩试点管理工作的通知》（川国土资规〔2018〕4号），规定民间资本不得参与建新区土地收益分配，不得参与农村新增耕地指标分成及指标收益分配，不得"以工程换土地"或"以土地换工程"。之后各地开始整改，马边县与金土地公司达成谅解协议，根据金土地公司的审计成本给予15%的合理利润，并对亩均回购价加以限制。巴中市也出台文件禁止民间资本参与指标收益分成，以恩阳区为例，通过引入国有企业，支付国有企业23.75万元，由国有企业负责相关项目工作。引入社会资本充分解决了政府财政资金不足、专业性不够的问题，使得增减挂钩项目能够顺利推进，而限制社会资本参与收益分成确保了项目收益能更多流入扶贫工作，又增强了增减挂钩项目的扶贫作用。

三、以市场协商谈判方式解决建设用地指标供需矛盾

建设用地指标交易涉及两地建设用地指标变动，关乎两地经济发展，在指标交易中双方政府达成共识之后项目才能顺利进行，即使跨省域的建

设用地指标交易由国家统筹协调，也需双方进行有效沟通。在实际操作中，马边县和巴中市均采用市场协商谈判方式来实现指标交易，解决指标供需矛盾。在巴中市和成都市高新区的交易中，巴中市提出的交易价格为30万元/亩，而高新区却认为30万元/亩价格较高，项目迟迟未能交易。后经多轮谈判，最终以29.5万元/亩达成协议。在马边县和绍兴市越城区的交易中，马边县政府和越城区政府也经过多次协商谈判，最终签订7 000亩指标跨省流转协议，协商交易价格为72万元/亩，协议总额50.4亿元。

四、指标流转结余资金全额用于新农村建设

在乡村振兴战略背景下，乡村建设要求高、任务重，需要各地区主动、独立改善乡村环境，带动乡村发展，增减挂钩政策是欠发达地区获取收益的重要途径。从马边县和巴中市的交易实践情况看，建设用地指标交易收益扣除项目成本之后还有大量剩余资金。如何利用好这笔资金，对脱贫攻坚后的乡村振兴战略实施具有重要意义。

为防止建设用地指标交易的主要收益被社会资本获取，中央、省均出台文件限制社会资本参与指标收益分成，使得更多资金用于扶贫和新农村建设。在政策指导下，马边县和巴中市贯彻落实政策要求，严格控制增减挂钩节余指标收益用途，并出台相关文件加以说明。马边县在支付金土地公司相应的利润之后，将其余指标收益都归县政府，由县政府统一规划，改善全县道路、基础设施。目前马边县乡村道路基本修建完毕，各村的基础设施建设也在快速推进，部分增减挂钩流转收益被用于农村危旧房改造项目。而各乡镇、乡村有相关乡村建设需要，也可以按程序向县政府申请使用这部分资金。在巴中市的项目交易中，市政府提取4.5万元/亩的收益，区政府提取1.25万元/亩的收益，对于资金使用也出台了相似的管理办法，明确要求相关资金要完全用于新农村建设。

五、预留建设指标保证集体经济发展持续性

在实施增减挂钩政策时，指标调出区让渡了部分未来发展空间，因此在实际操作中需要谨慎对待，确保集体经济能够持续发展。在增减挂钩政策实施时，部分已经在城镇有住房或在城镇与直系亲属共同居住的农民可以自愿申请货币化安置。未来，随着乡村产业不断发展，返乡下乡人口也

会同步增加，农村建设用地需求也会增长；如何提前谋划，避免"分光吃光"，需要做好建设用地指标的预留。《四川省国土资源厅关于进一步做好城乡建设用地增减挂钩试点管理工作的通知》（川国土资委〔2018〕4号）规定，涉及农民自愿退出宅基地的，按照人均80平方米预留指标给村集体经济组织统筹使用，专门用于调剂"一户一宅"宅基地或优先用于农村新产业、新业态等发展用地。上述规定为解决农村"住有所居"与乡村产业发展提供了重要政策依据。

第六节　建设用地指标交易中面临的主要问题

一、指标交易中主体权责边界不清

根据调研情况及相关政策，不难发现，建设用地指标交易基本由政府主导实施，不同层级政府各有其分工。以跨区域交易指标为例，中央层次主要负责定规则、定价格、定规模，省级层面负责信息汇总与"上传下达"，市、县级政府负责提出具体需求及具体实施。无可否认，当前指标的主要应用场景是化解地方政府在经济产业发展中的用地瓶颈问题；但此时的建设用地指标并未作为一种产权主体拥有的准物权权利被看待，只要项目区范围内的农民参照征地标准得到补偿，土地发展权或建设用地指标就与其没关系，卖给谁、卖多少均是政府的事情，政府基于其规划与计划控制权，将指标交易牢牢掌控在手中，指标交易后的增值收益部分未能实现与原土地所有权人或发展权失去力的共享。

笔者认为，建设用地指标的权利主体应是集体土地所有权人，既非政府，也非社会投资人。在增减挂钩项目实施过程中，涉及政府国有平台公司或社会资本出资的部分，可以通过算账的方式实现成本、收入的合理核算，当然也可以约定整理出来的建设用地指标产权或收益的具体归属。既然建设用地指标具有可交易性，理想的交易模式应是集体土地所有权人作为指标转出的唯一主体，而受让方则是多种主体，既可以是需要解决土地要素制约的地方政府，也可以是需要产业落地的市场主体，甚至还可以是需要引入产业落地的集体经济组织。这样才能让建设用地指标成为最符合市场化特征的准商品。事实上，以上理想状态难以实现，指标的公权属性决定了它受到政府规划、计划等一系列严格土地制度的限制，政府应在建设用地指标交易中处于何种地位，发挥何种功能，它们如何在既满足自身发展又满足集体经济壮大方面求得平衡，是本节重点研究的问题。应该看到，从长远保障集体经济发展角度，四川省规定了预留10%建设用地指标给集体的强制性措施，避免集体将未来的发展权"分光吃光"，反映了政府对乡村未来发展的统筹考虑。

二、集体土地所有权人主体地位模糊

通过对案例的跟踪调查发现，由于缺乏对指标主体地位的法律界定，通过实施整理项目产出的指标大多被自动归入了政府统筹调剂的范畴，特别是在跨区域交易中表现得尤其明显。计划式的制度安排将跨省指标作为政府间交易的对象，而对转出区域的集体经济组织而言，项目实施后的住房安置可能在本村范围内，也可能跨村甚至跨镇。原有的集体经济组织可能从形式上已经"瓦解"，权利主体模糊性带来的直接后果是指标权利无法被赋予特定的主体。既然主体处于模糊状态，权利"悬空"后指标的行政属性就更加凸显，变为了计划"台账"上的数字被统筹调配。集体土地所有权人的虚位问题，一直是理论界与实务界努力解决的问题，但受制于农村居民市场意识缺乏和自治能力不足，除一些"明星村"外，绝大多数的集体土地所有权都处于虚置状态。而且《中华人民共和国民法典》同样未对集体土地所有权人的具体权利行使作出安排。2024年6月，《中华人民共和国农村集体经济组织法》正式通过，其三十六条明确了集体财产的主要类型，虽未直接规定建设用地指标，但笔者认为，建设用地指标可划入"集体所有的无形资产"范畴。

三、指标交易价格形成方式缺乏弹性

从成都农交所提供的数据看，"持证准用"建设用地指标交易价格一直维持在30万元/亩，自2008年启动"持证准用"制度以来，价格未作任何变化，也就未能如实反映建设用地指标成本及市场的动态变化。而增减挂钩节余指标即本书所指的建设用地指标，其交易价格主要由转出区域与转入区域政府的双边谈判而形成，但价格同样受到市场供需因素及省级业务主管部门的影响，维持在30万元左右，浮动并不大。其价格主要以前期土地整理成本倒推得出，即基本以成本价（参与整理的企业或机构的利润主要体现在工程建设利润中）作为交易价格。2017年底，经乐山市马边县与绍兴市越城区充分沟通谈判，双方就建设用地指标交易价格达成了亩均72万元的高价，其中虽有结对扶贫的因素，但也体现了指标供需双方市场化谈判的成果。后因多种因素，该价格虽未能最终执行，但推动市场化谈判的方式值得推广。

四、建设用地指标交易方式亟待丰富

从实践看，四川省建设用地指标交易均采用了一次性"买断"的交易方式，交易结束后发展权转出，与转入区域再无更多联系，意味着转出区域发展权的永久丧失。无可否认，将建设用地指标交易至经济发达的中心城市或东部发达区域，能实现指标价值的最大化，但"一锤子买卖"带来的却仅仅是一笔还算丰厚的短期资金，发展权转出区域后续难以再有更大发展。结合国家发展改革委有关"飞地经济"的探索创新，能否允许建设用地指标权利人部分入股发达地区的产业发展园区，即转入区域以一定成本实现对整理成本的覆盖，另外溢价部分则可折价入股到产业发展园区中作为一项长期投资，这样既降低了发达地区的指标购买成本，同时也让转出区域农村居民能够共享园区经济收益。除了入股外，建设用地指标能否以赠与、抵押等形式实现其价值，实践中均未有答案，有待进一步探索。

综上所述，从四川省建设用地指标跨县、跨市、跨省的交易实践看，前期探索均取得了较好成效，初步摸索出了一套反映指标价值的制度架构体系。不难发现，指标交易跨度越大，政府行政力量介入越深，指标的私权属性越弱化。从土地计划管理体系的整体框架考虑，相对从严从紧的建设用地指标约束有一定的合理性，但其带来的负面效果可能与过去的土地征收相似。增减挂钩试点工作尽管经过了央地之间的复杂博弈，但由于"软政策执行"的特征，其实践的最终结果并不完全符合当初的政策设计①。同时应看到，推动市场化的建设用地指标交易，还有很长的路要走，目前面临的政府权责不清、集体主体地位不明、交易价格受限过多以及交易方式过于单一等问题，均需要在顶层制度设计上予以通盘考虑。

---

① 李元珍. 央地关系视阈下的软政策执行：基于成都市L区土地增减挂钩试点政策的实践分析［J］. 公共管理学报，2013（3）：14-21，137-138.

第七章　建立建设用地指标跨区域交易制度的宏观思路

第一节　建立建设用地指标跨区域交易制度的基本原则

一、坚持耕地最严格保护原则

马克思说："劳动并不是它所生产的使用价值即物质财富的唯一源泉。"正如威廉·配第所说，"劳动是财富之父，土地是财富之母"，要实现社会主义现代化，必须充分重视农业生产的基础性作用。要发展农业，首先必须保证耕地。党的十一届三中全会后，我国农业持续稳步增长，促进了国民经济的快速发展。但与欧美发达国家相比，我国农业的生产力水平仍然非常低。在农业生产中，土地是最基本的生产资料，起着生产工具的作用。农产品的产量与耕地的多少、耕地生产率的高低，成正比关系。耕地保护既是保障经济发展和社会稳定的关键因素，又是维护国家粮食安全的基石。在维护国家长治久安的过程中，耕地保护具有不可替代的战略地位。

目前，各地耕地保护工作面临着各方面的巨大压力：一是随着城镇化、工业化的不断加快及经济的飞速发展，地方政府对建设用地的需求进一步增大，而为了满足地方经济产业发展的要求，地方政府主导的乱占耕地行为时有出现，导致了耕地保护的压力不断增加。二是随着农村产业结构的不断调整，占用耕地从事非粮食种植的情况屡屡出现，种粮人为了自身经济利益，通过栽种树木、水果等经济作物，改变了土地的法定用途。

三是随着退耕还林政策的推广实施，林地面积逐步扩大，而耕地面积相应减少。无论是从国家安全的角度出发，还是从经济建设的角度考虑，解决我国农产品尤其是粮食的供给问题，必须主要立足于自身，这是我们党和国家一贯坚持的方针，从未动摇过①。为贯彻这一方针，消除面临的种种疑虑，必须充分认识耕地保护工作的长期性和艰巨性，高举耕地保护旗帜不动摇，一切土地资源的盘活、土地利用价值的提高均不得以牺牲耕地为代价。正是基于这样的战略考虑，一些以耕地保护为主要目标的土地制度改革正在悄然进行，而建设用地指标交易的前提也是一个地区将自身的建设用地指标转移出去，在获取收益的同时，也承担建设用地指标转入地区的耕地异地代保责任。这不仅要求耕地数量不得减少，还要求耕地质量有所提高，这样才能既保障经济的快速、良好发展，又不因片面追求发展而触碰了耕地保护这根红线。

二、坚持兼顾国家、集体、农民利益原则

《中华人民共和国宪法》规定："国家实行社会主义市场经济。"为构建高水平社会主义市场经济体制，党的二十届三中全会《关于进一步全面深化改革 推进中国式现代化的决定》明确要求"保证各种所有制经济依法平等使用生产要素、公平参与市场竞争、同等受到法律保护，促进各种所有制经济优势互补、共同发展"。公平竞争、平等保护是市场经济运行的基本原则。在社会主义市场经济体系中，若各类市场主体在经济活动中未能获得平等保护，面临相同问题却需依据不同的纠纷解决机制及承担各异的法律责任，势必难以维系与强化社会主义基本经济制度的稳固性，更遑论推动社会主义市场经济的深入发展。在此框架下，无论是国家、集体还是个人，均须遵循统一的市场运作规则，并在此基础上相互关联。各市场主体具有平等地位，既享有均等的权利，亦承担相同的义务与责任，以此为基础，方能构建出一个既维护国家利益，又兼顾集体与农民权益的崭新经济格局。

《中华人民共和国民法典》是调整平等主体间财产和人身关系的基本法律，作为其核心组成部分的物权编，是调整平等自然人、法人及其他组

---

① 郭彩云，陈占锋. 气候变化视角下我国粮食安全问题分析 [J]. 三门峡职业技术学院学报，2012（1）：94-99.

织之间因物的所有权及用益物权所产生的财产关系的法律。《中华人民共和国民法典》第二百零七条明确了国家、集体和私人物权受平等保护的基本原则，而平等保护各类民事主体物权关系是由其调整的社会关系性质所确定的。在财产归属关系清晰的基础上，不论是国家、集体，还是个人作为物权主体，都应受到平等保护。若得不到平等保护，在物权遭受侵害的情境下，对各权利主体均应秉持公平原则予以同等补偿。若实践中出现对个人损失赔偿较少或免赔而对国家或集体损失则实施较高赔偿标准的做法，无疑会挫伤个人依法积极创造与积累社会财富的积极性，进而可能引发对社会和谐稳定的不利影响。因此，确保物权保护的一致性和公正性，是维护社会公平正义与和谐稳定的重要基石。

建设用地指标作为一项物权，同样应遵循国家、集体、个人主体平等的原则。当建设用地指标进入市场交易后，政府、集体经济组织、农民、社会投资人四类权利主体各自享有的权利及利益应受到平等的保护。政府对建设用地指标交易的贡献应主要体现在对当地基础配套设施的投入上，而这方面在发展权交易后可通过税收调节方式体现。集体经济组织作为集体土地所有权主体，是建设用地指标交易的当然受益人，而农民作为集体经济组织成员，应该是建设用地指标交易的最终受益主体，但农民的利益被集体经济组织、政府或社会投资人侵害的情况却时有发生。社会投资人虽然不是建设用地指标的原始权利人，但其合理回报也应给予充分考虑。同时，应注意避免社会投资人利用其经济地位优势侵占发展权收益的不良倾向。

以泸县为例，该县东皇殿村通过宅基地有偿退出已经获得的节余收益全部保留在村集体资产管理公司，村里有将其用于打造社社通公路的意向，以及加大村内的基础设施与公共服务建设投入，但并没有考虑将其用于壮大集体经济、加强集体经济组织成员共享等。宅基地有偿退出要考虑到国家、集体和农民之间的利益协调，其收益应当与集体经济组织成员共享，并且应该考虑到村集体经济的发展。具体实施方式可参考田坝村，即按照"五二二一"的方式，50%用作下年发展、20%用于完善基础设施和公共服务、20%用于村民分红、10%用作激励与补贴基金。同时，农民的收益分配形式应当多样化，如一次性货币补偿、住房安置、旧房拆除与搬迁奖励、社保购买、技能培训与就业机会提供、物业经营分红等①。

三、坚持自愿、有偿、依法、规范交易原则

土地产权制度作为我国农村生产与生活关系的基石性制度安排，对于确保农村地区的长期稳定与持续发展具有至关重要的意义。它不仅是农村社会经济结构的重要组成部分，也是维护农民权益、促进农业现代化转型的核心要素。完善和发展土地产权关系，是我们党自改革开放以来在农村的一贯政策，从新修订的《中华人民共和国土地管理法》到我国第一部《中华人民共和国民法典》，其相关宗旨只有一个，就是确保农村土地产权制度的长期稳定，切实保障农民的土地使用权，为农村经济发展和盘活农村土地资产夯实制度基础。在已明确土地产权归属的前提下，允许土地产权的合理流转，是我国农村土地政策的内核。我国的法律法规已放开对农村集体经营性建设用地入市限制，正在探索宅基地"三权分置"，赋予农村集体经济组织和农民对土地的自主使用权、收益权和流转权。只有允许集体土地所有权人拥有对土地的依法处分权利，才能打破我国城乡土地二元分治的格局，促进生产要素的优化配置与合理流动，为"三农"问题的解决和国民经济的健康发展提供有效的制度机制。

要保证建设用地指标的健康合理流转，首先必须坚持指标主体及农民是自愿的。所谓自愿，就是集体经济组织和农民有权决定是否将自己的建设用地指标上市交易以及如何交易，其他任何组织或个人不得以任何名义予以干涉。

所谓有偿，就是：指建设用地指标上市交易后，取得发展权的受让人应向发展权转出人支付相应对价，而价格主要通过市场形成，主要表现为农用地转为建设用地后的土地增值收益。

所谓依法，就是指要按照有关法律法规和中央的政策进行。这些政策和规定在新近出台的《中华人民共和国民法典》及国务院、自然资源部的相关政策法规中都有具体体现，如国务院办公厅关于《城乡建设用地增减挂钩节余指标跨省域调剂管理办法》（国办发〔2018〕16号）规定："充分尊重农民意愿，切实保障农民土地合法权益和农村建设用地需求，防止盲

---

① 姚树荣，熊雪锋. 以宅基地有偿退出改革助推易地扶贫：四川省泸县"嘉明模式"分析[J]. 农村经济，2017（2）：21-24.

目推进。"其核心就是建设用地指标的交易要在充分尊重与保障农民土地权益的前提下依法进行。

所谓规范，是指建设用地指标的交易需要在一种规范的平台上进行，遵循公开、公正、公平交易的基本准则，有自成体系的交易规则与交易程序。在政策法规的指引以及政府的积极引导下，将建设用地指标的交易放在统一规范的市场里进行，确保交易价格能够真实反映权利的市场价值，实现建设用地指标权利人的利益最大化。目前，四川省已建立了建设用地指标的流转平台，但该平台更多是起到信息发布与汇总的作用，主要从行政管理角度进行系统设计。成都农交所、重庆土交所等也早已开展各自管辖范围内的指标交易业务，具有了深化指标交易的平台基础。

四、坚持效率优先、兼顾公平原则

在公平与效率关系上，人们常会提到的一个问题是：究竟是要更注重公平，还是要更重视效率，或者二者兼顾才真正有利于经济社会的健康发展。在国外，国家干预主义者主张公平优先，持该种观点的政府力求构建一种"从摇篮到坟墓"的福利体系，它保障了公平的优先地位，但带来的结果却是使社会大众的工作热情减退，引起效率低下的现象。经济自由主义者则主张效率优先，持该种观点的政府为追逐利润，片面注重效率，结果却使得贫富差距进一步拉大，导致了社会不公平的现象。介于两者之间的则是奥肯提出的公平与效率并重的主张，这是汲取上述片面发展的教训而出现的①。公平与效率的统一表现为两者互为前提、互为目的和手段。两者统一的实现路径是，法律只追求机会均等意义上的平等（即起点地位平等、交换机会平等、对价公平），而不是不论人的天赋、努力、劳动、才智的运用如何②，通过民事活动产生的结果一律平等。

具体到建设用地指标的市场化交易制度，是无论其土地性质是国有还是集体，都不应受损害。同时，要尊重生产要素供给者即建设用地指标主体的努力与主动性、积极性，发展权是否交易、如何交易、与谁交易、交易价格如何确定等问题原则上由交易双方协商确定，这种自主性源自权利主体的自发行为，可能会受到具有计划、规划管制权力的政府或其他社会

---

① 张华，黄修卓. 公平与效率关系研究述要 [J]. 上海行政学院学报, 2011 (2)：104-111.
② 杨遂全. 民事平等与人力产权平等制度透视与启示 [J]. 民商法争鸣, 2022 (1)：3-8.

权威机构的影响。然而，此现状并不妨碍将效率置于首要地位，要确保建设用地指标权利人的主动性与积极性得到充分释放，从而促使每个生产要素供给者实现更高的投入产出比，进而奠定公平实现的基础。因此，在当前效率尚未显著提升或仍处于较低水平的背景下，将效率置于建设用地指标市场化交易的核心位置显得尤为重要。同时，公平则需通过政府的规划、计划手段来加以体现。效率作为公平的物质基石，若忽视它，则连满足人们基本需求的能力都将受限，此时空谈交易的公平性便失去了实际意义，且难以实现真正的公平。

相比于计划管理式的"农转用"指标分配，浙江建设用地指标置换折抵指标、重庆"地票"以及成都建设用地指标交易等市场化配置方式，在弥补指标计划管理效率不足方面发挥了积极作用。为进一步提升指标配置的效率，同时兼顾配置的公平，可加大市场在资源配置中的决定性作用，构建国家、省、市三级建设用地指标交易体系及平台，有力促进以区域协调发展、支持优势地区高质量发展等为目标的跨区域指标交易。此外，国家应将计划内和计划外的建设用地指标结合起来，引入绩效考核与奖惩机制，使建设用地指标管理和地方政府土地行政绩效相挂钩，适度放松对土地行政绩效优异地区的计划外建设用地指标管控，加快建设用地指标管理从指标控制到行为引导工具的转变①。

第二节　计划与市场：建设用地指标跨区域交易的
路径选择

计划和市场是资源配置的两种方式。计划配置土地资源的方式是运用指令性计划体系来决定土地资源的组合与分配，它以传统计划经济为基础。在计划经济条件下，土地资源的配置和再配置是通过政府行政指令来实现的②。市场配置土地资源的方式是指市场机制对资源的组合、分配与利用起调节作用，它以市场经济的发展为基础。市场机制调节经济运行的

---

①　杨鑫，姜海，范宇，等. 基于效率—公平的区际建设用地指标配置方式评价及改进：以南京市为例［J］. 中国土地科学，2017（7）：20-27.

②　周叔莲，郭克莎. 资源配置与市场经济（上）［J］. 管理世界，1993（4）：13.

过程也就是资源配置的过程。

一、建设用地指标计划配置体制的路径依赖性

1996年，国家计委、国家土地管理局发布了《建设用地计划管理办法》；1998年，全国人大常委会修订了《中华人民共和国土地管理法》，上述两个政策法规奠定了我国现行建设用地计划配置体制的基础。2006年12月，国土资源部修订了《土地利用年度计划管理办法》，将新增建设用地计划指标纳入年度计划的指令性管理，以实际用地情况作为考核依据。为更有效发挥土地宏观调控的作用，2007年起，未利用地的开发利用也被纳入土地利用年度计划的管理范畴。至此，土地利用计划承担起了巩固宏观调控和保护耕地面积的重任。2016年5月，《土地利用年度计划管理办法》再次修订，将城乡建设用地增减挂钩指标和工矿废弃地复垦利用指标纳入计划管理，进一步扩大了存量用地计划指标的范围。

从本质上讲，建设用地指标计划配置体制是中央政府制定土地利用总体规划，一次性明确全国中长期的新增建设用地总量规模，再将总量由中央至地方层层分解直至乡镇。一般来讲，一个地区在规划期内实际新增建设占用耕地的数量必须严格控制在规定指标范围内。同时，依据土地利用总体规划的目标与内容，确定土地使用分区大小与位置，并明确每块土地用途与限制条件，通过赋予土地利用规划的法规效力，严格控制农用地转化为建设用地。同时，在符合土地利用总体规划的前提下，中央还将依据《土地利用年度计划管理办法》编制各地的年度土地利用计划，确定一个地区当年可新增建设用地的数量。除此之外，中央还加强了对"基本农田保护率"和"补充耕地量"两个政策指标的限制：一是要求新增建设用地必须在基本农田保护区域范围之外，这也就进一步缩小了新增建设用地的范围；二是中央为实现耕地"占补平衡"，向各省下达了规划期内补充耕地的总量，在"占补平衡"的约束下，如果某个地区耕地补充潜力不够，那新增建设占用耕地的规模必然相应打了折扣。因此，在国家法律法规和行政规章的约束下，通过严格的规划指标层层下达的指令性配额管理方式，土地利用总体规划与年度土地利用计划形成了一套相当严格的建设用地计划管理模式①。同时，在年度土地利用计划关于新增建设用地规划指标的内

---

① 施建刚，魏铭材. 计划管理下的土地整理折抵指标有偿调剂研究：以浙江省为例 [J]. 农村经济，2011（4）：40-43.

容的基础上，为缓解地方政府土地利用中的供需矛盾，中央又设计了城乡建设用地增减挂钩制度，在新增建设用地规划指标以外，新增了挂钩周转指标，不过这一指标也须符合中央下达到地方的挂钩周转指标规模。本书提到的建设用地指标正是农用地向建设用地转化的权利，这一权利必然受到建设用地计划管理模式的直接约束，使得建设用地指标的市场交易制度的建立必须充分考虑计划管理配置的作用与影响。增减挂钩政策的出台与国家偏紧的建设用地指标供给策略有关，它是彻底的政府再分配，不是市场行为①。

建设用地指标的计划配置体制与我国耕地保护的严峻现状是相适应的，其优越性主要体现在以下两方面：第一，鉴于我国区域经济发展不均衡现象较为突出，通过科学规划确定各区域土地利用规模，旨在引导并促进区域产业布局的升级与优化，从而实现土地资源的集约高效利用，为经济社会的全面可持续发展奠定坚实基础。第二，我国人口基数大，土地平均占有率低，在城镇化、工业化的快速推进下，加上快速城镇化与工业化的双重驱动，耕地保护面临前所未有的严峻挑战。因此，国家实施严格的土地用途管制措施，对于执行最为严格的耕地保护制度而言，既具有必要性，也凸显了针对性。

计划配置体制除了上述优越性，其局限性也较为明显。作为指标分配者的中央政府和各级政府为了避免因"厚此薄彼"而遵循"量"的平均原则，导致这种管理方式具有先天的缺陷②。首先，鉴于决策者在认知上的局限性及信息分布的不均衡性，对于中长期的土地利用总体规划而言，要精确预测未来10年甚至更长时期各区域经济社会发展的态势非常困难。尤其是在东部及沿海发达区域，其城镇化、工业化进程显著加快，从中央至地方逐级细化的控制性指标往往难以精准匹配现实发展需求。同时，逐年制订的年度计划指标亦难以与当地经济发展的实际步调相协调。即使有了城乡建设用地增减挂钩制度，但由于其指标使用范围有一定限制，且增减挂钩项目是一项浩大的工程，指标产生一般需要两到三年的周期，加之同

---

① 谭林丽，刘锐. 城乡建设用地增减挂钩：政策性质及实践逻辑［J］. 南京农业大学学报（社会科学版），2014（5）：76-83.

② 马晓妍，叶剑平，郧文聚. 建设用地指标跨区域市场化配置可行性分析［J］. 中国土地，2017（10）：17-19.

样有挂钩指标规模限制，因此经济发达地区很快就将面临建设用地紧缺的问题。其次，鉴于规划编制遵循自上而下的既定流程，不同规划之间难以形成紧密的衔接。同时，规划中新增的建设用地在空间布局上也可能与实际需求存在不完全一致的情况。最后，由于计划配置体制缺乏有效的监管机制，违法用地屡禁不止。计划管理毕竟属于行政管理模式，对违反计划用地的查处大多属于事后监督管理，计划在执行中往往会变为国土官员在土地账簿上的"数字游戏"，不断调整与变化地籍图上的"斑块"颜色，导致原计划配置在空间与时间上的错位，最终使得违法用地现象愈演愈烈。

二、建设用地指标市场交易体制的路径依赖性

鉴于建设用地指标计划配置的已有局限性，建设用地指标的市场化配置机制是与其并行的又一重要选择。经过20世纪90年代我国农村土地制度改革的理论与实践，进入21世纪后，我国土地制度改革都是在城乡平等化的框架中探索前进的。2013年，《中共中央关于全面深化改革若干重大问题的决定》明确了农村土地制度改革的各项任务，其中，无论是集体经营性建设用地入市制度的探索，抑或农村土地征收制度的完善，均是在城乡平等性的土地制度目标框架下运行的，而这种平等性土地制度的核心就是对土地市场化机制的探索，是在市场化基本框架下确保城乡土地的平等性，其根本目标就是在农村或城市土地产权制度、利益分配制度中，让农村、农业、农民的利益保障均得到平等保障。这种探索仍在持续进行，无论是已经正式启动的国家城乡融合发展试验区建设，还是深化农村宅基地制度改革试点，都是围绕着城乡土地平等化和有效的市场机制的建立展开的。因此，完善建设用地指标的市场配置机制，同样是我国当前用地制度改革的题中应有之意。

从本质上看，要破除城乡土地二元制度，充分发挥农村土地价值的关键就是要加快建设用地指标的市场化交易，重要的是农村土地能与城市土地一样在市场环境下自由交易。学术界从20世纪90年代就开始对此有所关注，并普遍认为建立土地流转机制最好的办法是通过市场机制来实现，这样不仅能够真正落实集体和农民对土地的所有权与使用权，还可以使劳动力与土地的比例失调问题能够得到有效缓解，最终使农业生产力要素在

总体上保持优化。改革开放 40 余年以来，我国农村土地制度的市场化改革发挥了巨大的作用。正是在农村土地制度方面的较大突破，引发和推动了我国整个农村经济体制的大变革，进而又反作用于我国城市经济的市场化改革。因此，从本质上讲，我国市场经济改革全面有序推进的历程，一定程度上也反映了我国土地制度市场化改革的历史，土地制度市场化改革迈出的每一步，都是我国市场经济改革的真实写照。

市场是配置资源的有效方式和基础手段。广义上讲，建设用地指标市场配置机制包括了建设用地指标的市场管理制度、市场法律法规、制度环境体系等。从各省（区、市）推行建设用地指标市场化机制的典型案例看，其明显特征是：基层的市场化意识提高较快，制度设计较为公平，但实践运行的整体水平不高，建设用地指标的区域差异性明显。究其原因，主要有：集体土地产权与城乡二元土地管理制度对市场化的约束；完整的市场化体系尚未健全，市场行为不规范；土地价格的市场化体现不充分等。

建立中国特色的社会主义市场经济体制是我国经济体制改革的最终目标。与城市相比，农村的市场化整体进程较为缓慢，而土地作为农村最为重要的生产要素，应该通过市场化的手段进行配置，但目前建设用地指标交易还未充分体现市场经济的一般规律，受制于严格的土地用途管制及计划色彩浓厚的建设用地指标配置，导致了建设用地指标目前还不可能像完全市场化的商品那样自由无约束地交易。

三、建设用地市场化交易的路径选择——不完全竞争市场

为了解决规划分区制度的刚性，我国和美国分别出台了建设用地指标交易政策和土地发展权转移政策，但由于两国制度环境的差异，在政策的具体实施过程中美国选择了一种市场和层级相结合的混合型治理结构，而我国则选择了一种以政府为主导的层级治理结构。虽然两国的政策都在一定程度上增加了规划分区制度的弹性，但有学者认为，现阶段美国土地发展权转移政策在利益分配机制设计和耕地保护的效果方面均优于我国城乡建设用地增减挂钩政策[①]。有学者提出，建设用地指标交易机制的构建，

---

① 顾汉龙，冯淑怡，张志林，等. 我国城乡建设用地增减挂钩政策与美国土地发展权转移政策的比较研究 [J]. 经济地理，2015（6）：143-148，183.

将目前增减挂钩指标使用的行政配置与封闭运行，转变为市场配置供需调节，可以发挥市场机制在城乡建设用地要素空间配置中的基础性作用①。

从实质上讲，建设用地指标是把土地利用总体规划及年度土地利用计划这两个刚性指标变成独立的财产权利，由于指标本身属于稀缺资源，需要引入市场机制与实行市场资源的配置，而配置的基础是权属清晰、内容可量化，配置的规则是自愿、等价、有偿交易②。笔者认为，需要在土地利用总体规划及土地年度利用计划的引导下，通过市场机制，构建建设用地指标交易市场；要鼓励发展需求较大地区的土地开发利用，同时限制发展需求相对较小地区的土地用途转变，以发展区向非发展区支付对价的形式实现建设用地指标的跨区域自由交易。长期以来，建设用地指标的配置体制存在较为严重的计划痕迹，对计划配置的路径依赖较为严重，其主要表现形式为逐级下达的年度农用地转为建设用地的指标限制。无论当地经济发展状况如何，均须事先由上级政府确定未来的农用地转用规模。在此类制度安排下，建设用地指标的价值无从体现，主要靠行政计划式调配，造成了建设用地指标利人的权利被损害的现象。建设用地指标的市场配置体制要求将原来的行政性建设用地指标显性化，同时将权利赋予集体经济组织和农民，充分发挥市场发现价格的能力，让权利人取得在市场上讨价还价的权利。

综合上述两类路径依赖，建设用地指标的交易路径选择应是在考虑我国实行最严格的耕地保护制度的前提下，将计划配置作为限制建设用地指标过度开发的前提，即明确中央下达的新增建设用地规划指标不可交易，这部分的指标主要应用于党政机关和人民团体用地、军事用地、城市基础设施用地、非营利性邮政设施用地、非营利性教育设施用地、公益性科研机构用地、非营利性公共文化设施用地以及非营利性社会福利设施用地等③。同时，将市场化的配置作为建设用地指标体现市场价值的主要手段，在政府确定的建设用地指标规划及计划中，通过充分挖掘现有土地资源的

---

① 郑俊鹏，王婷，欧名豪，等.城乡建设用地增减挂钩制度创新思路研究 [J].南京农业大学学报（社会科学版），2014（5）：84-90.

② 丁丽丽，赵敏娟.农地发展权流转市场构建初探 [J].特区经济，2009（1）：257-258.

③ 计划指标的使用建议参照国土资源部《划拨用地目录》（国土资源部令第9号）规定的用地类型。

潜能，将新增的建设用地指标作为交易的对象，而计划建设用地指标的交易则不被允许。新增的建设用地指标主要指通过建设用地整理形成的建设用地指标，目前主要是通过城乡建设用地增减挂钩方式节余的建设用地指标以及农村宅基地自愿有偿退出形成的建设用地指标。将建设用地指标作为市场化交易的客体，主要有以下几点考虑：一是该类指标是通过整理项目区的宅基地、集体建设用地以及复垦后的未利用地获取的，满足了耕地占补平衡的要求，从总量上讲并未新增建设用地规模。二是如将年度土地利用计划确定的新增建设用地指标一并纳入市场化交易范围，由于这部分指标是政府无偿取得的，可能会被用于回报更高的国有经营性用地开发，而最终导致公共公益设施建设用地被挤占。三是从土地市场发展的长远考虑，可交易指标规模的控制非常关键，而由于挂钩指标本身受到规模限制，每年可交易的建设用地指标可保持在适度规模内，从而避免供地量增大导致土地市场陷入混乱。

建设用地指标的市场化交易路径应满足如下条件：一是产权界定。政府应依法对建设用地指标所依托的集体土地产权进行清晰界定并颁发权属证书。二是划定区域。根据对土地资源的调查情况，设定建设用地指标的"转出区"与"接收区"。三是价格评估。采取市场化标准对建设用地指标的价格进行有效评估，从而使其具备进入市场交易的基础。在整个过程中，政府更多是扮演一种"中立"的角色，主要对建设用地指标交易市场进行间接调控和有效监督[①]。建设用地指标计划与市场的双重调控将是未来建设用地指标交易制度的重要特征。提出建立统筹"地区公平—经济效率—行政绩效"的建设用地指标配置方式，即通过初次配额保证地区公平发展，通过市场交易提高建设用地指标地区间配置效率，通过行政绩效考核促进建设用地指标管理向行为引导、质量控制转变[②]。在指标周转模式中，政府主导整个模式的运作，是一种趋于层级制的治理结构；而在"地票"交易模式中，市场则起主导作用，是一种趋于市场制的治理结构。在指标周转模式中，"挂钩"指标具有较高的利用效率，但伴随着较高的耕地保护风险并容易造成农民权益受损；而"地票"交易模式则在耕地保护

① 高远. 我国土地发展权市场化模式初探 [J]. 环渤海经济瞭望, 2009 (8)：51-55.
② 杨鑫, 范宇, 赵勇, 等. 建设用地指标配置方式创新探讨：基于南京、淮安两市的实践 [J]. 中国国土资源经济, 2016 (12)：23-27.

和农民权益保障方面具有更好的表现，但受限于城市规划和土地规划，"挂钩"指标利用效率较低[①]。

第三节　建设用地指标跨区域交易制度的目标取向

一、政府定价变为市场定价

按照地租的一般理论，土地价格即资本化的地租，需受到银行存款利率及地租量的高低影响[②]。土地稀缺性的长期存在决定了建设用地指标的价格将保持上升趋势，市场价格在不断变化，而对建设用地指标产出来源的宅基地退出补偿，各地则多参照政府制定的征地补偿标准就低执行。实践中，成都推行的建设用地"持证准用"指标价格也十余年"稳定"在30万元的保护价上。因此，有必要改变以往的政府"定价"方式，转为以市场确定建设用地指标价格，在确保农民能够保持原有生活水平的前提下，充分发挥市场配置作用，由集体土地所有权人与市场主体自主谈判形成指标价格，真正体现市场经济条件下的等价有偿原则。

在设立建设用地指标制度以前，政府更多是依靠行政强制征收土地并对土地所有权人与使用权人进行定价补偿的方式实现土地用途的改变以及土地价值的提升，是由政府按当地农用地前三年的平均价格以及依据农村住房建筑结构的残值标准单方面决定补偿额。该种补偿定价方式采用"一刀切"原则。从我国农村现状看，由于农村土地产权制度远未成熟，无论是所有权还是使用权的主体都存在多重化现象。在征收集体土地时，补偿定价由政府以文件形式予以公开发布，定期予以更新，虽采用了相对科学的评估方法，但价格实际上仍处于较低水平，未全面体现土地要素的市场价值。

在成熟的产权制度体系下，产权主体之间具有平等的讨价还价权，各自均有权依据自己确定的价格标准来保障其权益不受损害。与此对应，非

---

①　顾汉龙，冯淑怡，曲福田. 重庆市两类城乡建设用地增减挂钩模式的比较 [J]. 中国土地科学，2014 (9)：11-16, 24.

② 刘荣材. 产权、定价机制与农村土地流转 [J]. 农村经济，2010 (12)：30-34.

市场化的产权制度一般表现为政府凭行政强制权单方的确定土地用途管制的内容并制定用途改变的补偿标准。该种标准是预先制定的，不被真正的市场主体所左右，无论自己的权益受损与否，农村集体经济组织及农民只能被动接受这一标准。在当前国家土地征收中，农民权益受侵害的主要原因就在于补偿标准由行政权力单方制定，而非按产权制度由双方主体平等协商①。

新修正的《中华人民共和国土地管理法》从法律和制度上规定了以区片综合地价、住房安置补偿、社会保障费用等为核心的补偿定价机制。但该定价机制确定的补偿费是政府对农民的一次性补贴或补偿，而并不是被征土地的资产价格。不管是以公共公益为目的基础设施建设，还是以营利为目的的房地产项目开发，政府在征地实施过程中以较低价格从农民手中取得土地，再通过提高拍卖价，获得了巨额利润。无可否认，将经营土地的收入作为大幅提高地方财政的重要方式，已成为各地政府彰显政绩、提高部门经济福利的"秘方"。依据土地往年平均产值为标准的补偿定价机制与依据土地用途转换后的预期收益来确定的市场定价机制之间有着巨大的利益差别。预期收益一般通过政府"招、拍、挂"土地的方式实现土地市场价值的最大化。显而易见，对农民的补偿标准越低，政府转让土地的收益则越高。这也从一个侧面反映了在现行征地制度下，被征地农民的补偿收益仍处于一个非动态变化的模式，而难以采取市场化的定价方式。

建设用地指标应在农村集体土地所有制的现行框架下，摒弃现行征地补偿定价的"向后看"的机制，实行"向前看"的上地定价市场机制。建设用地指标的价格由市场说了算，而不再由政府来单方面定价。土地稀缺性的长期存在决定了建设用地指标的价格将保持上升趋势，市场价格在不断提高，而对集体和农民的征地补偿标准却一成不变，加之物价上涨等因素，实际取得的征地补赔偿还可能处于削减趋势。因此，改变以往的政府定价方式，转为以市场确定建设用地指标价格，才能保证失去建设用地指标的农民能够至少保持原有的生活水平，体现市场经济条件下的等价有偿原则。建设用地指标作为土地规划的工具，其运用的过程是耕地保护和经济建设发展之间、上下级政府之间利益博弈的过程，建设用地指标从对耕

---

① 刘荣材. 产权、定价机制与农村土地流转 [J]. 农村经济, 2010 (12)：30-34.

地的保护、供地的调控手段，愈来愈演化为治理的工具。建设用地指标具有可交易性，不能因其属于公法上的管理工具而否定其交易性①。

二、政府主导变为集体主导

政府的责任在于明确处理外部性的目标，并根据具体情况设计一种附加产权市场，并保证契约的可信，而不是干预甚至参与经济活动②。从历史经验看，政府主导的农村集体土地流转在改革初期对唤醒农民的土地权利意识起到了不可替代的重要作用，但随着市场经济体系的日益完善，政府应逐步从主导变为引导，让土地所有权人来主导其土地的市场化流转。因此设计建设用地指标市场交易制度，应明确由指标权利主体自主决定是否交易、如何交易。最根本的途径是鼓励农民直接参与土地指标交易，由农村集体组织出面参与土地指标交易，减少土地指标交易过程中的委托代理问题和行政干预问题，对土地指标进行市场公平竞价③。权利行使的依据来自《中华人民共和国土地管理法》关于集体经济组织"三级所有，组为基础"的规定，具体行使形式可由全体村民参加的村民大会或村民代表大会来决定，政府除为了公共利益目的，可通过规划管控与用途管制手段施加间接影响外，不得以任何名义或形式予以干预。

三、政府投资变为社会投资

建设用地指标主要来源于城乡建设用地增减挂钩项目或农村土地综合整治项目的实施。从调研情况看，关于各地实施土地整理的资金，除了地方政府出资、集体经济组织自筹外，个别地方还出台政策鼓励和引导社会投资人参与土地整理。另外，还有政府专门为实施当地土地整理项目而成立的专项基金。虽然资金来源众多，但政府投资的土地整理项目却占比较高，其目的大多为地方自行收储建设用地指标，用于保障城市产业项目"落地"。近年来，发达地区的经济发展需要以充分的空间和足量的建设用

---

① 吴胜利，蒲杰，张焱. 论建设用地指标交易的法律构造 [J]. 理论与改革，2012（5）：140-143.

② 张蔚文，李学文. 外部性作用下的耕地非农化权配置："浙江模式"的可转让土地发展权真的有效率吗？[J]. 管理世界，2011（6）：47-62.

③ 廉大为，赵雪锋. 集体建设用地指标交易市场化机制研究：以上海市为例 [J]. 华东经济管理，2012（11）：7-11.

地指标做保障，导致对土地整理规模的需求不断扩大。在政府财力有限的情况下，通过市场化途径来达到这一目的无疑是可选择的重要途径。只有积极吸引社会资金参与土地整理项目，才能让整理项目具有可持续性，同时才有可能使指标市场价值最大化。

在开展土地整理的最初阶段，政府作为项目业主可先期对具体项目运作模式进行探索，并对土地整理的内容做示范宣传。由政府担此重任是行之有效的，也是可取的。随着经济的快速发展、土地整理规模的不断扩大，土地潜力被不断深入挖掘，整个区域经济的协调发展需要以充分的空间和足量的建设用地指标做保障，原有的运作模式显得有点力不从心。以成都市为例，成都市的土地整理成本逐年提高，从每亩地几万元增加到每亩地数十万元甚至几十万元，政府已感到难以负担。土地供应是地方经济发展的关键点，所有的招商引资项目要"落地"，必须按照"耕地占补平衡"及土地报征的要求取得建设用地指标；而仅仅依靠中央下达的年度计划指标显然是远远不够的。因此必须通过土地整理或城乡建设用地增减挂钩的模式新增建设用地指标。在政府财力有限的情况下，通过市场化途径来达到这一目的无疑是可选择的重要途径。实践证明，唯有积极吸引社会资金参与土地整理项目，才能让其具有可持续性，同时也最能体现建设用地指标的市场价值。社会投资的主要回报形式除了工程利润、约定的投资回报外，还有可就地使用的集体建设用地使用权。集体建设用地作为一种稀缺资源，与同等区位的国有建设用地相比，其价格相对处于较低位置。另外，按照国有与集体土地"同地、同权、同价"的要求，社会投资人还可在集体建设用地上从事除商品住宅类开发以外的其他开发。开发项目运作得越成功，越能提高其他社会资金参与土地整理项目的积极性，从而更充分体现建设用地指标的市场价值。

从目前成都市社会资金参与土地整理的情况看，由于原来一直是由政府投资整理项目，现在要求政府（包括国有平台公司）逐步完全退出土地整理市场，还有一个适应的过程，同时也有许多配套制度亟待跟进。为吸引社会资金进入土地整理项目，建议效仿德国，通过税收减免和优惠政策等多项手段吸引企业参与土地整理[1]。同时，通过宣传引导，让社会投资

---

① 王磊. 土地整理中的投资机制探析 [J]. 安徽农业科学，2007（34）：11226-11228，11252.

人认识到参与土地整理的作用和意义：一是通过土地整理项目的实施，能够改善农村居住环境，改变村容风貌，造福于当地老百姓；二是以建设用地指标的稀缺性为基础，以政府承诺回购指标为保障，土地整理将是一项长期且收入有保障的事业；三是土地整理可直接产生较高经济效益，包括可就地流转的集体建设用地使用权及工程利润等；四是为企业发展提供了相对廉价的建设用地资源。建设用地指标在乡村"落地"后可形成集体经营性建设用地，除不得用于房地产开发外，可用于商业、旅游、办公、仓储等其他众多用途。与相同用途的国有建设用地相比，其价格优势十分明显。

四、政府受益变为农民受益

原有的土地整理运作模式主要是由政府的平台公司作为业主直接实施，具体是由相关土地、规划、建设、农业部门及项目所在乡镇政府配合完成。这时，政府既负责政策制定，又通过平台公司组织项目实施，还负责项目验收，凭借其对土地整理项目的垄断性权力，一定程度上排斥了其他资金参与土地整理并进行公平竞争的可能性。政府不仅追求宏观的社会效益，同时也追求微观的经济效益，它作为项目业主充当了微观经济主体；作为投资人，不可避免存在追求利润最大化的需求，这反过来就会直接导致集体经济组织和农民的建设用地指标受到侵害，其权利价值被贬损。

前已述及，政府作为执掌社会公共权力的主体，应逐步不再以社会经济活动主体的身份进入普通经济领域，而让具备条件的企业法人或自然人积极介入土地整理经济活动。按照市场经济的竞争原则配置土地资源，还权于资源的所有者集体经济组织和农民，由土地所有者自行整理土地或自主选择业主整理，才能最终实现土地价值的最大化。在保障投资人利益的同时，通过市场调节进一步提高建设用地指标人的利益，最终使得建设用地指标的转移价值远远超过征地补偿利益，从而在客观上起到缩减政府征地范围、保护农民利益的目的①。

---

① 刘旭东. 浅议土地整理市场化与政府角色 [J]. 浙江国土资源，2003 (6)：3.

五、本域交易变为跨域交易

建设用地指标的交易，不仅应在中央政府配置的建设用地指标上实施，还应允许农村宅基地所对应的建设用地指标入市进行跨地区交易，让进城务工的农村户籍人口用自己拥有的建设用地指标换取其就业所在地的户籍、社会保障和公共服务。与行政机制相比，交易机制能够带来地区间的竞争，打破政府在土地市场上的垄断，更有利于让农民分享城市化和工业化进程中产生的土地增值收益[①]。

考虑到中国仍处于高速城市化的发展阶段，人口和劳动力也主要是从农村向城市、从内地向沿海集中，通过建立土地整理折抵建设用地指标的全国性交易平台，并渐进有序放开建设用地复垦的市场化交易，不仅能通过较发达城市或地区购买土地指标来保护经济欠发达地区，特别是粮食主产区耕地和自然环境，也更有为发达地区提供更大用地空间，促进资本、劳动力和人口在整个国土空间上实现更有效率配置的重大意义[②]。

中国现行的土地制度主要是对建设用地进行规划与计划，并将建设用地以指标管理的方式在区域间进行配置。制度经济学认为，资源的初始配置并不会影响经济效率，提高效率的关键在于找到一个促进资源再配置的有效机制。在我国，受"人多地少"的影响，为保护18亿亩的耕地红线，国家曾经对建设用地指标采取了非常严格的利用规划与年度计划，而《国务院关于严格规范城乡建设用地增减挂钩试点切实做好农村土地整治工作的通知》（国发〔2010〕47号）更是明确要求严禁挂钩指标跨县级行政区域流动[③]。为加快推进脱贫攻坚与乡村振兴，建设用地指标的跨区域流动

---

① 陆铭. 建设用地指标可交易：城乡和区域统筹发展的突破口 [J]. 国际经济评论，2010（2）：137-148，6.

② 汪晖，陶然，史晨. 土地发展权转移的地方试验 [J]. 国土资源导刊，2011（Z1）：57-60.

③ 《国务院关于严格规范城乡建设用地增减挂钩试点切实做好农村土地整治工作的通知》（国发〔2010〕47号）规定："严禁突破挂钩周转指标。各地要依据土地利用总体规划和农业生产、城乡建设、农田水利建设、林业保护利用和生态建设等有关要求，科学编制农村土地整治规划，合理安排增减挂钩试点的规模、布局和时序。试点必须符合土地利用总体规划和土地整治规划，纳入土地利用年度计划。所在省（区、市）要严格按照国家下达的挂钩周转指标，组织审批和实施试点项目，严禁突破挂钩周转指标设立挂钩项目区，严禁项目区跨县级行政区域设置，严禁循环使用周转指标。各试点地区要对挂钩周转指标的下达、使用和归还实行全程监管，严格考核，确保增减挂钩试点严格控制在周转指标内。"

已逐渐放开。在建设用地指标的分配过程中，中央政府已充分考量了各区域经济发展对土地资源的差异化需求。然而，从实际操作层面观察，较为发达的地区往往面临更为严格的用地指标限制，这一现象导致部分具备投资潜力的项目因缺乏相应的建设用地指标而无法顺利落地，进而使优势地区的部分高质量产业错失了宝贵的要素保障。四川省凉山州属于"三区三州"的深度贫困地区，中央给予其建设用地指标跨省调剂的特殊政策。该政策有效释放了发达区域的新增建设用地空间，充分发挥了耕地补充潜力较大区域的农业优势，通过创造性地引入了市场机制，配合了区域之间的经济发展布局，实现了经济的平稳快速推进①。在确定指标可跨省调剂后，由脱贫攻坚进入乡村振兴阶段后跨区域交易政策能否延续是必须解决的问题。从理论界的观点和实务界的操作来看，既有在全国范围内开展指标交易的理论建议，也有在全省或全市范围内的操作实践，不同的交易范围将直接影响到建设用地指标整理的成本、资金结算方式、利益分配、行政权力设置等众多问题。

综上所述，考虑到建设用地指标的表现形式——建设用地指标的行政属性，为避免在制度建立过程中偏向非市场轨道，要让国家、集体以及农民主体地位平等，将效率优先、兼顾公平，自愿、有偿、依法、规范交易等市场经济的一般规则作为建立建设用地指标市场化交易制度的基本原则。同时，耕地保护是我国基本国策，建设用地指标的交易不仅不能违反这一基本国策，还应通过交易制度的建立，更好地促进耕地的保护。

长期以来，建设用地指标的配置体制导致了对计划配置的路径依赖。虽然计划配置在一定时期内发挥了较为重要的作用，但仅依靠计划配置，其局限性也是十分明显的。建设用地指标的市场配置要求将原来的行政性建设用地指标显性化，将权利赋予集体经济组织和农民，充分发挥市场发现价格的能力，让权利人取得在市场上讨价还价的权利。综合上述两类路径依赖，建设用地指标的交易路径选择应是将计划配置作为限制建设用地指标过度开发的手段，明确中央下达的新增规划建设用地计划指标主要用于国家公益公用设施建设，属于不可交易范围。同时，将市场化配置作为建设用地指标体现市场价值的主要手段，通过充分挖掘现有土地资源的潜

---

① 汪晖，陶然. 建设用地计划管理下的土地发展权转移与交易：土地计划管理体制改革的"浙江模式"及其全国含义 [J]. 中国经贸导刊，2009 (1)：27-28.

能，将城乡建设用地增减挂钩项目产生的挂钩指标作为建设用地指标市场化交易的对象。建立建设用地指标的目标取向则是在颠覆原有计划体制下的做法后的一种更符合市场规律的选择，包括了将建设用地指标定价权由政府交回市场，由政府主导交易变为集体经济组织自行选择交易对象，由政府投资建设用地整理变为逐步退出投资人身份，鼓励和引导社会投资人进行建设用地指标整理，从原来的政府赚取土地差价变为农民从市场化交易中获取土地增值，从建设用地指标在本县域范围内交易变为在全国性的交易市场交易。

第八章 建立建设用地指标跨区域交易制度的中观机制

第一节 建设用地指标跨区域交易的供需机制

在我国，由于各地经济发展水平差异较大，地区之间经济发展不平衡，对建设用地指标的供给与需求也是不一样的。耕地保护形势虽然严峻，但各地对建设用地需求的不断加大也是不争的事实，建设用地指标的供给与需求可能同时存在供给不足与需求过旺的状况。因此，有必要建立建设用地指标的供需机制，有效引导供给与需求，实现不同地区的经济相对均衡发展①。

建设用地指标供需从不平衡到逐渐平衡的过程，正是市场机制产生作用的过程。但市场机制产生作用需要一定的条件，这一条件概括起来就是健全的土地市场。只有在健全的土地市场中，价格机制才能使建设用地指标供需趋向平衡②。从我国的目前建设用地指标供需状况看，供给侧经济结构的调整与升级都需要以建设用地的足额供应为基础，故对建设用地指标的需求将长期保持较为旺盛的状况。而建设用地指标的供给受制于资金投入量及渠道的限制，加之建设用地指标的相关交易规则及配套政策尚未完善，因此从较长时期看，将较难完全满足需求。价格机制发挥作用的主要表现为通过市场化手段让建设用地指标价格逐步提高，最终让建设用地

---

① 丁丽丽，赵敏娟. 农地发展权流转市场构建初探 [J]. 特区经济，2009（1）：257-258.

② 杨钢桥，毛泓. 城市土地供需平衡的市场机制 [J]. 华中师范大学学报（自然科学版），1999（4）：605-608.

指标价格停留在一个相对合理的水平，从而实现建设用地指标的供需平衡。鉴于此，构建建设用地指标的供需平衡机制显得尤为重要，它可以科学调控供给与需求关系。积极倡导并推动建设用地指标跨区域交易的实施，可以有效缓解当前存在的建设用地指标的供需矛盾。

一、建设用地指标的供给机制

随着经济的不断发展和城镇化进程的日益加速，农村土地的资产特性逐渐显现，出现了大量以出让、转让、出租和抵押等形式自发流转农村土地的现象，且这些流转在数量和规模上均呈现出不断扩大的趋势。不可否认的是，农村土地的隐性流转市场确实存在，且在经济相对发达的地区更为普遍。建设用地指标交易制度设计的初衷在于规范原来随意占用耕地用于非农建设，低价出让、转让和出租农村建设用地，随意改变建设用途等行为。建设用地指标供给机制，是指在我国特定土地产权制度下集体土地所有权人提供可供整理的建设用地指标的内在关系总和，而以计划为先的集体土地供应机制，则是由我国城乡土地二元结构所决定的。随着以农村宅基地、农村承包地以及农村集体经营性建设用地为代表的农村土地制度改革的深化，市场机制逐步引入，农村土地供应机制必将持续完善。

目前，建设用地指标的市场远未完善，绝大多数的集体土地通过国家征收的方式变为国有建设用地，以行政而非市场的方式实现供应，在不能征收的情况下由政府以低价收购储备。随着国有建设用地市场的日益完善与成熟，市场机制已成为被广泛接受的资源配置方式。在更广泛的领域内，采用市场手段配置农村土地资源已成为不可逆转的趋势。同时，农村土地供给中的行政计划机制亦在逐步健全与规范，这表明市场机制的引入并未导致行政计划机制的废弃，因为市场机制的功能有其局限性。作为土地资源的行政管理者，政府仍需通过行政计划方式统筹安排一部分公益公用设施用地。因此，我国建设用地指标供应机制改革的基本方向是行政计划机制与市场机制并存，以市场机制为主导、行政计划机制为辅助，推动土地资源的优化配置。

与相对成熟的城市土地市场的供给机制不同，我国现行的建设用地指标的供给机制毕竟属于土地计划管理体制下萌芽的新鲜事物，会受政策法规、土地市场、经济发展以及人口增长等因素的影响，具有如下一些特征。

（一）集体经济组织形式上拥有土地所有权，但实质上权能并不完整

长期以来，集体土地按照"三级所有，组为基础"的土地所有权主体界定思路，三级的集体经济组织事实上才是农村土地（含建设用地指标）一级市场的供应主体。除行使征地权外，政府应更多地扮演市场引导者与监督者的角色。上述制度安排看似符合我国城乡土地二元结构的现状，但实际操作中，集体经济组织作为所有权主体地位却时常无法充分行使其权利，有行政意志的渗透迹象，集中表现在以下几个方面：一是建设用地指标没有明确恰当的权利登记机关与登记规则，集体经济组织在谈判中的话语权自然要大打折扣；二是建设用地指标因涉及政府利益，其市场化交易可能对征地制度产生一定影响，故个别地方政府有时会施以干预，造成集体经济组织难以取得完整的处分权；三是以国家强制力介入的土地征收及固定补偿，让集体土地所有者失去了自有土地的定价权。

（二）市场与计划配置对建设用地指标供给机制施加双重调控

我国建设用地指标的供给，不应仅是纯粹的计划手段，也不应是完全的市场配置，而应是以市场调节为主、计划调节为辅的双重调控机制。城市土地因承担了一部分土地宏观调控职能，故在土地供给方面需依据市场变化及政府的宏观调控政策随时进行供地计划的调整，相比之下，政府的宏观调控指引可能会高于市场的需求。农村土地因以集体经济组织为产权主体，其供给与城市供地有所区别。可在符合社会经济产业发展规划、土地利用总体规划及城乡规划的前提下，通过引入市场机制实行有偿供地。由于建设用地指标供应主体的特殊性，按照市场经济契约自由的原则，不是由政府供应发展权，而是由集体经济组织根据其对市场的合理判断来决定是否供应、何时供应等问题，发展权的经济价值及稀缺性通过市场"招、拍、挂"方式得以体现。

（三）建设用地指标供给机制与土地市场的相互影响

当前国有建设用地供应格局已相对成熟，建设用地在一级土地市场通过出让、出租方式供应后，还可在二级市场通过转让、出租、入股、抵押等诸多方式进行重新配置。土地要素在公开市场的自由流动无疑既有助于土地资源相对高效利用；同时，还让本地的用地需求得以全方位地满足。而国有建设用地毕竟是有限的，经济产业快速发展的优势地区表现出了对土地的极度渴望。

建设用地指标市场化交易制度在维持现有城乡建设用地总规模的前提下实现了城镇建设用地的增加，对国有土地市场的发展提供了有力支撑，作为发展权转出方的农村集体经济组织当然应从级差地租中获取收益。另外，建设用地指标的供给机制需要大量资金投入作为保障，否则无法实施城乡建设用地增减挂钩项目，项目如无法完成验收，建设用地指标自然也无法取得，而大量资金投入的前提是整理成本与指标收益之间有较大的价格差。整理成本相对来说是较为固定的，而指标收益高低则与土地市场状况紧密联系。当土地市场趋于上升时，社会投资人愿意将资金投入建设用地指标整理；当土地市场趋于下降时，社会投资人投资参与建设用地指标的积极性自然不高，这将会对建设用地指标的供给造成较大影响。

二、建设用地指标的需求机制

（一）增加农民收益要求建设用地指标交易市场化

从经济学角度讲，作为理性"经济人"的农民，必然具有追求自身利益最大化的动机与行为。受当地土地利用总体规划、城乡规划以及产业规划影响，区位较差的土地，其未来可发展的空间较小，不能像离城镇较近的土地那样能够通过市场化的手段获得巨大的土地增值收益。而土地长期处于一种非集约经营的状态，又导致了农用地的产出非常低。因此，建设用地指标的市场化交易给了土地所有者和使用者一个将土地"变废为宝"的机会。实施农村土地综合整治，不仅能够实现土地的规模经营，从而吸引更多的农村产业化项目进驻区域，同时也能够将节约的建设用地指标以一定的市场价格在公开市场上转让。这样，在有效增加农用地面积、提高农用地质量、增加农业类收入的前提下，农民又有了一笔发展权转让的额外收入。在此种利益推动下，农民有了主动参与农村土地综合整治的主观需求，希望通过建设用地指标的市场化交易给自己带来耕种面积与土地收益的双重增长。

（二）经济的快速发展客观上要求建设用地指标交易市场化

虽然《中华人民共和国土地管理法》已经允许农村集体经营性建设用地入市，但与"同地、同权、同价"的城乡统一建设用地市场交易仍有较远距离。因此，进一步健全社会主义市场经济体制，加快农村土地流转的市场化改革进程，提升农地资源的利用效益，也是建设社会主义市场经济的根本要求①。经济快速稳步发展从客观上讲是伴随城镇化与工业化程度的不断提高而出现的，而城镇化与工业化实现的关键因素之一是土地需求的及时、有效满足，特别是建设用地的供应能够与经济社会发展程度相匹配。建设用地指标的市场化交易通过在年度土地计划确定的新增建设用地指标之外另辟蹊径，找到了支持经济发展、进一步加强耕地保护的有效途径，并终将成为未来地方经济发展的主要手段与重要动力。

（三）发掘农村闲置土地整理潜力要求建设用地指标交易市场化

虽然我国土地整理的起步时间较晚，但在前期不断探索中，已经明显地表现出土地整理的内涵与目标随着社会经济的发展而变化的态势。鉴于我国经济快速发展导致耕地锐减的现实，随着土地整理净增加的耕地可以非农建设用地指标政策的出台和耕地总量动态平衡目标的提出，我国土地整理的目标就可定位在增加耕地面积，以补偿非农建设占用的耕地、保持耕地总量动态平衡②。相较而言，我国广大农村的未开发土地面积是城市无法企及的，据测算，如我国开展较为全面细致的农村土地整理工作，对原来的田、水、路、林、村进行优化清理，估计将增加耕地约一亿亩，这将成为未来保持耕地总量的重要渠道之一。另外，由于目前农村分散居住比较普遍，宅基地的整理空间也非常大③；农民集中居住以后，对原宅基地充分整理，将成为缓解人地关系紧张问题的重要途径。

受土地区位因素影响，经济越发达的地区对建设用地指标的需求越强，而相对应的土地整理潜力却越弱。在建设用地指标市场化交易制度下，经济发达区域为了求发展，只有选择向土地整理潜力大的区域购买发展权，随着发展权转出区域内建设用地指标的逐步减少以及整理成本逐步提高，发展权转出区域将试图向其他土地整理潜力更大的地区购买发展权。如此循环，经济发达区域的建设用地指标需求能够得到逐步满足，而农村土地闲置的状况也会随之得到改善。

① 王玲燕，邱道持，钱昱如，等. 农村土地流转市场化需求调查：基于忠县农村土地流转实证分析 [J]. 乡镇经济，2009（11）：30-34.
② 张正峰. 土地整理模式与效应 [M]. 北京：知识产权出版社，2010：31.
③ 成都市人均占有宅基地面积标准为30平方米，每户人口数以不超过5人为限计算。据笔者了解，成都每户实际占有的宅基地面积约为300平方米，在较远县（市、区）的农村，甚至达到了上千平方米，土地资源浪费现象较为突出。

三、建设用地指标的供需平衡机制

从经济学的角度看，建设用地指标的供需机制并不是一个单纯的概念，而是由数个既相互联系又有所区别的概念组成的范畴体系。从系统观点而言，建设用地指标的供需机制涵盖了建设用地指标的供需总量与供需结构。供需总量与供需结构是相互作用的，供需总量的变化会导致供需结构的变化，供需结构的变化又会导致供需总量的变化①。从市场层次来讲，建设用地指标供需又包括建设用地指标整理项目市场供需与建设用地指标一、二级市场供需。一般来讲，当建设用地指标供应大于需求时，发展权价格将会下降，这将导致供给方减少发展权的供给，而需求方在供给减少后会增加对发展权的需求，以提高价格的方式促进发展权的供给，最终使市场供需达到平衡。

通过上述分析可以看出，建设用地指标供需从初始的不平衡状态逐步走向平衡，这一过程正是市场机制逐步发挥其调节作用的具体体现。然而，市场机制的有效运作并非无条件的，其基础在于构建一个健全的市场体系。具体而言，只有在土地市场体系完善、机制健全的前提下，价格机制方能充分发挥其杠杆作用，引导建设用地指标的供给与需求逐步趋于平衡。

从我国目前的建设用地指标供需状况看，经济结构的调整与升级都需要以建设用地的足额供应为基础，故对建设用地指标的需求将长期保持较为旺盛的状况，而受制于资金投入量及渠道的限制，加之建设用地指标的相关交易规则及配套政策尚未完善，从较长时期看，建设用地指标的供给将较难完全满足需求。价格机制发挥作用的主要表现是通过市场化手段让建设用地指标价格逐步递增，最终让建设用地指标价格停留在一个相对合理的水平，从而实现建设用地指标的供需平衡。

---

① 杨钢桥，毛泓. 城市土地供需平衡的市场机制 [J]. 华中师范大学学报（自然科学版），1999（4）：605-608.

第二节　建设用地指标跨区域交易的动力机制

近年来的建设用地指标交易实践已证明其在促进区域经济间协调发展、促进土地集约节约利用、推动建设城乡建设用地统一市场等方面的重要作用。但因交易制度设计多从自然资源管理及耕地保护角度出发，虽提出了兼顾国家、集体、农民利益的土地制度改革目标，但还未实现多方主体共享改革发展成果的良好局面。

一、区域经济协调发展

我国目前推行分区域差异化的主体功能区战略，引入土地发展权转让及其定价机制，可以将土地发展权转让收益在各功能区域间科学、合理地配置，从而实现分区域统筹发展，有效避免各区域在土地开发配置上呈现出的"底部竞争"争抢态势①。区域经济指一定区域范围内的经济活动。促进地区协调发展，统筹区域经济，缩小区域间差距，是我国经济社会发展的一项重要原则。改革开放以来，各区域的经济都有长足发展，但地区间的发展差距也在持续扩大。统筹区域发展、缩小区域间差距，不仅是经济问题，同时也是政治问题，关系到现代化建设的全局和社会稳定②。应基于社会经济发展水平和资源禀赋差异，构建全国新增建设用地计划下达指标体系。在考虑影响新增建设用地指标分配的社会经济发展水平因素的同时，应从资源禀赋视角引入耕地保有量、建设用地可拓展空间等建设用地总量约束指标，使评价体系更为全面，这样能够为新增建设用地指标分配提供更科学的方法③。

从某种意义上讲，建设用地指标市场化交易是协调一定领域内地区间的经济发展关系、实现社会发展和国民经济总体目标的市场行为。促进区

---

① 徐莉萍，张淑霞，李姣. 美国土地发展权转让定价主体、模型、制度的演进及启示 [J]. 华东经济管理，2016 (1)：171-178.

② 张弥. 中国特色社会主义经济建设 [J]. 中共石家庄市委党校学报，2008 (5)：29-33.

③ 郭杰，包倩，欧名豪. 基于资源禀赋和经济发展区域分异的中国新增建设用地指标分配研究 [J]. 中国土地科学，2016 (6)：71-80.

域协调发展需要建设用地指标的市场化交易作为动力支撑。

首先，土地是人类一切生产生活的必需资源。当土地的供应不能满足人类日益增长的占有和使用土地的需求时，政府就有必要制定一定的土地政策，以防止土地占有与使用在区域之间的不平衡影响经济总体发展。中央及地方政府正努力通过各种土地政策，促进土地合理开发、利用、整治及保护，尽量满足不同区域对土地的不同需求。

其次，世界发达国家的经济发展进程说明，城市化和工业化过程也是土地非农开发利用的过程。建设用地相比农用地具有更高的经济利用效益，通过土地利用总体规划和土地年度利用计划引导建设用地指标的转移即交易，充分运用土地资源的位置固定性及土地指标的流动性，控制发展权流向，按照产业发展规划及需求进行择优，可以发挥区域间的区位优势，并推动各地区的产业经济结构升级及生产布局优化。

再次，土地除了是投资和产业活动的重要载体，对其进行开发与整理也是当前自然资源资产投资的重要方向。建设用地指标向地租支付能力高的土地使用者和产业转移，既可以提高土地利用的效益与效率，也可以实现土地的资产增值；同时，还可以提高土地投资者的信用，扩大土地整理资金来源渠道。

建设用地指标的区域间交易实质是非受限功能区出资保护受限功能区的耕地和自然资源，利用市场途径引导主体功能区的空间开发，促进区域财力的横向转移和均等化，逐步缩小不同类型功能区的发展差距①。

二、构建城乡统一建设用地市场

作为配置土地资源的重要手段和方式，土地市场的健康有序发展对提高土地资源的利用效率、满足经济发展所带来的建设用地需求具有重要作用。国有土地市场的建立来自国有土地使用制度的变革，它打破了以往土地资源的行政分配方式，城镇土地市场建立后，由市场机制来调配土地资源在不同使用者间的配置②。我国的改革最初源于对农村土地的改革，但

---

① 刘红. 基于主体功能区建设的土地发展权转让机制研究 [J]. 商业研究, 2014 (4)：11-16.

② 陈红霞. 中国城乡土地市场协调发展的制度研究 [M]. 哈尔滨：哈尔滨工程大学出版社，2007：133.

当时仅仅涉及了对农村土地经营制度的变革，创造了土地承包经营权的家庭联产责任承包制，不仅未考虑到农村范围内的建设用地，而且农村集体所有制对土地权能的约束导致了城乡差别的进一步拉大，促成了城乡土地二元结构的固化。城乡土地市场的统一就是要完善土地资源的配置机制，充分发挥市场在土地资源配置中的基础作用，打破人为划定的城乡土地界限，将国有建设用地市场与集体建设用地市场作为一个整体，使城乡土地市场在市场机制作用下协调发展。

虽然目前有国有土地与集体土地之分，但建设用地指标却未作上述区分。无论在城市还是农村从事项目建设，都需要其占用土地属于建设用地性质，否则属于违法建设。因此，建设用地指标的市场化交易，实际上也为国有与集体土地架起了一座桥梁。城乡土地二元结构的破除仅仅依靠集体建设用地使用权与国有建设用地使用权的一元化流转还不太现实，毕竟国有与集体土地流转在政府财税分配上有着较大差异[①]。在未改变现状前，地方政府并没有推动集体建设用地使用权流转的根本动力，而建设用地指标因未区分国有与集体性质，通过建设用地指标市场化交易方式能够有力促进城镇建设用地与农村建设用地市场的逐步统一。

三、集约节约利用土地

所谓土地集约节约利用，是指在单位土地面积上合理增加物资和劳动投入以提高土地收益的经营方式[②]。从人类经济发展的历史看，在农业社会阶段，生产技术水平较低，生产的物质条件较差，在经营土地时以追加劳动投入为主，土地利用为劳动集约型；当人类实现工业革命后，在生产中大量运用先进技术和设备，在经营土地时以追加资本投入为主，土地利用为资本集约型。在土地利用的过程中，究竟应该选择哪一种集约利用的方式，最终的决定因素是投入的各种要素之间的比较成本。这种比较成本包括了土地本身的价值、劳动力成本、资本投入成本以及技术投入成本等

---

① 国有建设用地使用权出让收入目前是地方政府财政收入的主要来源，而集体建设用地由于所有权属于集体经济组织，其出让后收益应归集体所有。二者目前在用途上的唯一区别就是集体建设用地不能用于商品住宅房地产开发，其余用途及期限等完全相同，若将来全部使用集体建设用地的供地方式，对地方政府的土地财政收入将是巨大打击，故笔者认为政府目前暂不具备大力推动集体经营性建设用地入市的内生动力。

② 毕宝德. 土地经济学 [M]. 北京: 中国人民大学出版社, 2011: 83-84.

多个方面，它们共同决定了土地利用的集约程度和经济效益。因此，对于土地利用方式的选择，需要充分考虑和权衡各种投入要素的成本差异，以实现土地资源的最优化利用和经济效益的最大化。土地利用的形式在不少地区特别是经济落后的农村地区，仍以劳动集约型为主。事实上，土地集约利用长期存在发展不平衡现象，集体土地的集约度弱于国有土地的集约度、农村土地的集约度弱于城市土地的集约度都是不争的事实。

我国将"十分珍惜和合理利用土地，切实保护耕地"作为四大基本国策之一。虽然我国土地资源总量丰富，但由于人口基数大，人多地少，耕地资源匮乏。更需高度关注的是，我国稀缺的耕地资源还在不断减少。因此，土地的集约节约利用符合我国的基本国策，是贯彻科学发展观的基本要求。我国将"耕地占补平衡"作为中央政府对地方政府的强制要求，即各地占用耕地从事建设的，占用多少耕地应等量在异地予以补充，且补充的质量与数量都不得低于原被占耕地。同时，中央还对各地方政府下达了耕地补充任务，要求每年应新增一定数量的耕地。如此严格的规定确保了耕地总量，但由于政策要求占用耕地从事建设与补充耕地的对应关系应在同一个县（市、区）内完成，这对部分经济发展较快的区域来讲实现起来较为困难。毕竟当地因城市化速度较快，可供补充的耕地资源十分有限，如要完成补充耕地任务，唯有从相对欠发达区域寻求突破，而建设用地指标市场化交易的产生为解决上述问题提供了最优途径。通过"耕地异地代保"制度，可以将优势地区的耕地保护责任转移给欠发达区域，将欠发达区域本地的建设用地指标转让给优势区域。该类转移行为并非无偿，其交易价格通过市场化的手段予以确定，这样对建设用地指标的转出和转入区域来讲都是双赢的局面，无论是耕地资源还是建设用地资源，都得以集约节约利用。

四、农民共享改革发展成果

农民承包地转化为建设用地的过程，实质上是农民参与并分享城镇化与工业化发展成果的重要途径。此过程必须秉持缩小而非扩大城乡差距的原则，确保农民利益得到增加而非受损，以维护社会公平与和谐。换言之，农用地向建设用地的转换不应仅考虑国家、集体的利益，还应更多考虑农民对集体土地拥有的财产权利以及凭借其权利而应分享的合理收益。

中国是农业大国，农村人口占了人口的多数。让人民共享发展成果，绝不能忽视广大农村和人口数众多的农民。长期以来，城乡二元结构成为制约农民共享发展成果的体制性障碍。一方面，城乡二元结构妨碍了生产要素向农业、农村、农民的流动，使得原本就滞后的农村经济与城市经济之间的差距越拉越大[①]。另一方面，城乡二元结构的存在，严重制约了公共资源在城乡间的合理分配与均衡配置，导致农村人口无法全面且平等地享有本应属于全体社会成员共同分享的公共产品与服务。

建设用地指标交易制度的建立，唤醒了原本"沉睡"已久的农村最为重要的生产要素——土地，让集体土地也能像国有土地一样享受同样的市场化待遇。随之而来的是土地价格的提升，除国家应负担的基础设施配套费等公益公用性投入外，作为土地所有权人及其成员的集体经济组织与农民当然应该享有土地的增值收益，该收益不应低于土地征收安置补偿。这项土地改革的成果最终由农民享有，以此来提升农民的权利意识，让他们认识自己的权利、合理运用自己的权利并享有权利行使带来的成果。

五、农村劳动力的集中转移

农村劳动力转移是世界各国城镇化、工业化的普遍趋势，也是发展农业现代化的必然选择。在我国，农村劳动力的有序转移对于加快农业现代化、实现乡村振兴战略具有重要的推动作用。能否妥善解决好农村劳动力的转移问题，是关乎经济发展、社会稳定的重大问题[②]。随着城市化和工业化进程的加快而出现的农村劳动力大规模转移与农村第二、三产业的发展是推动当前农村土地流转的两个主要因素。在我国农村地区，正是当地劳动力向城镇转移以及部分农民脱离第一产业转向第二、三产业就业，缓解了农村地少人多的矛盾，从而使得相当一部分闲置土地可以用于流转[③]。因此，劳动力的转移对土地流转相对影响较大，影响涉及面更广且更复杂。

通过建设用地指标的交易，可将建设用地指标向外转移，有助于将转

---

① 梁小萌. 共享发展成果：深化改革开放路径选择的基准 [J]. 探求，2008（6）：41-44.
② 甘玲，耿永志. 农村劳动力转移与新农村建设 [J]. 开放导报，2007（3）：60-62.
③ 陶翔，王祥军. 农村劳动力转移对土地流转的影响 [J]. 合肥学院学报（社会科学版），2009（5）：41-44.

出区域原本零星分散的耕地连片集中开发经营，进一步扩大经营规模，使土地向种田能手集中，把具备转移条件的农民从土地上解放出来，从而促进农村劳动力的集中转移。另外，建设用地指标的交易还进一步弱化了土地的保障功能，有利于人地分离，而与土地分离的部分农民将从事其他行业生产。零星分散的耕地相对集中，可以加快农业现代化的进程。另外，随着城镇化的快速发展，农业与非农产业之间劳动生产率的差距逐渐扩大，由于外出打工与农业生产之间存在比较利益，许多农民纷纷进城，从事农业生产的人数大幅减少，投入农业生产的时间也相应缩减，导致一部分土地撂荒。为不让土地撂荒而同时能获取土地收益，大多农民会选择将自有土地以实物流转或权益流转（如建设用地指标交易）等多种方式流转出去，这样既解决了土地经营的后顾之忧，能让农民在外安心打工，同时也让耕地得到了集约节约化的经营①。

六、优化农村产业结构

农村产业结构优化是解决"三农"问题的关键点，乡村产业振兴、农业增长以及农民增收都取决于农村产业的调整与优化。长期以来，土地要素市场的封闭，导致了农业生产无法规模化、农业与农村工业关联度低等制约农村产业优化的问题②。就国际与国内的实践经验而言，对于农村产业结构，以适宜的组织形式参与规模化经营，不仅能够促进资金和技术向农业投入，加快生产要素在城乡之间的自由重组与流动，同时还能有效推动农村产业化进程，促进城乡经济一体化。如何依据各地的不同情况，实现农村产业结构的优化升级成为当前面临的急迫任务③。区位优势的不同，导致各地农村产业结构不同、存在比较收益，只要政策允许进行建设用地指标跨区域交易，就可以公平分担粮食安全责任，促进各地比较优势的发挥，提高总体资源配置效率，有效缓解粮食安全危机，缩小区域经济差距④。

---

① 李泉. 河南省农村劳动力转移与土地流转研究 [J]. 农村经济与科技，2010 (6)：79-80.

② 张翼，何有良. 土地流转对农村产业结构调整和优化的影响 [J]. 北方经济，2010 (3)：31-32.

③ 刘卫柏. 中国农村土地流转模式创新研究 [M]. 湖南：湖南人民出版社，2010：170-171.

④ 王文龙. 土地发展权交易视角下的粮食安全区域协调机制研究：以浙江省为例 [J]. 经济体制改革，2015 (1)：90-94.

农村产业结构优化可以促进区域分工和主导产业的形成。实行适度规模经营，实现节约化与规模化的生产，可以提高种粮大户们的市场竞争力，使农民耕种的农产品更容易流通到市场中进行交易，从而进一步增加农民收入。但即便是专业化的农民，也同样具有独立性与分散性的固有特点，他们往往不易适应市场经济的激烈竞争，在与市场对接时处于不利地位。等价交换是市场经济的基本原则，与城市商品市场不同，在目前的农产品市场上，由于市场交易双方的经济地位悬殊，市场交易信息的严重不对称，农民获得等价交换与平等竞争的地位与能力的难度较大①。建设用地指标的市场化交易由于部分解决了土地要素的均衡配置问题，在农村土地综合整治中，使土地得以集约节约化经营，有助于引入适合当地的农村产业化项目，以改变以往分散经营的状况。这在一定程度上有效地清除了长期制约和影响农村产业结构优化的种种障碍。由建设用地指标的市场化交易引发的一系列的改革和政策措施，为农村地区带来了新的发展机遇，推动了农村产业升级和农村经济的多元化。这不仅有助于提高农民的收入水平，还促进了农村地区的可持续发展，为整个乡村振兴战略奠定了坚实的基础。

第三节　建设用地指标跨区域交易的定价机制

市场交易中最实质、最关键的问题是交易商品的价格问题，建设用地指标交易也不例外，无论是转让方还是受让方均对价格问题最为关注。价格机制是市场机制的核心，要构建建设用地指标定价机制，应明确以下两方面的问题：一是要运用科学的方法明确建设用地指标的价格内涵；二是要充分论证建设用地指标价格的影响因素。另外，市场是价格形成的主要载体，要充分发挥市场决定价格的功能，使建设用地指标交易契约化、货币化，促进建设用地指标市场化交易的有序运行。

一、建设用地指标的价格内涵

建设用地指标一般被认为是将农用地变更为建设用地的权利，但建设

---

① 王厚俊，徐妍. 农村产业化组织建设问题研究 [J]. 农村经济，2005 (12)：32-34.

用地指标的价格却不能简单理解为建设用地价值与农用地价值之差。笔者认为，建设用地指标价格就是指农地转变为非农建设用地后，建设用地的价格减去原来农地的价格、开发农地的费用、管理费用和利润后的价格。这是因为在土地用途改变过程中，土地开发者的其他建设投资如土地平整，水、电、气管网铺设等关键影响因素同样应引起重视①。同时，按照生产要素分配理论，土地开发者对土地有人力、物力、财力的投入，应分享一定比例的投资回报，即土地开发收益。"地票"价格是土地发展权转移价格的体现，当开发总量越小时，发展权转移价格越高②。

二、建设用地指标价格的影响因素

由于建设用地指标价格仅仅是土地价格体系中的一个分支，故影响土地价格的因素与影响建设用地指标价格的因素具有共通性。从微观方面看，有土地面积、形状、地势以及环境等土地自然因素；从宏观方面看，有社会因素、经济因素等。但是，已有研究更多考虑上述因素对国有建设用地价格的影响，未专门关注对建设用地指标价格的影响，故其影响较为有限。笔者认为，影响土地发展权价格的因素主要有土地用途、区位、城镇土地供需状况以及功能区域定位。本书将分别从上述角度对影响建设用地指标价格的主要因素进行分析。

（一）土地用途

建设用地指标的价格是指土地用途变更前后的土地价格之差，且要减去土地开发费用及利润等。虽然农用地的价格是影响建设用地指标价格的因素之一，但就同一宗土地而言，当土地用途发生变化后，建设用地价格的增长将远超农用地价格的增长。

建设用地价格是影响建设用地指标价格的核心因素，在较大程度上影响着建设用地指标价格的高低。从纵向上看，农用地价格更多决定于耕种土地的肥力，虽然区位或交通条件会对农用地价格会产生一定程度的影响，但影响较小。从横向上看，转变后的土地用途是决定土地价格差异的关键因素。具体而言，对于同一地块，若其规划用途分别指向办公、住

---

① 范辉，董捷. 论农地发展权价格 [J]. 生产力研究，2008 (9)：39-41.
② 文兰娇，张安录. 地票制度创新与土地发展权市场机制及农村土地资产显化关系 [J]. 中国土地科学，2016 (7)：33-40, 55.

宅、商业或仓储等不同领域，在其余条件保持一致的前提下，该地块所展现的土地价格将呈现出显著的差异性。进一步而言，基于一般原则，同一地块在保持农用地性质时，其价格变动幅度相对有限。因此，土地用途的转变对建设用地指标价格的影响尤为显著。

（二）区位

土地与人们的生产、生活息息相关，区位的好坏，与土地所有者或使用者的社会影响、经济收益以及生活满足程度直接关联。虽然区位不能代表土地的一切，但对于土地这种位置不可移动的物品，其区位具有极端重要性。区位优劣的形成，一是先天的自然条件，二是后天的人工影响。杜能首先就农村与城镇之间的距离对农用地地租及农作物区位的影响进行了深入研究。他认为，农作物应配置在距离城市远近不同的区位上。随着区位逐渐远离城市，农业经营方式存在一个从集约节约经营向粗放式经营的过渡①。杜能的区位理论后来被推广应用到城市里，其具体内容包括：办公用地区位主要由交通条件与商务环境等决定。居住用地区位主要取决于公共服务设施完备程度、交通条件以及周围环境景观等。工业用地区位依产业性质的不同而有所区别，一般来讲，运输条件、动力取得与废料处理的便捷度等因素非常重要。商业用地区位主要与临街状况、繁华程度、交通条件等相关。

由于建设用地指标与农用地和建设用地息息相关，故区位同样是影响其价格的主要因素之一。对农用地而言，当农用地处于交通较便利、离城镇较近的区域时，其价格比交通较为闭塞、离城镇较远区域的农民地更高。对建设用地而言，根据土地用途的不同，影响区位因素概括起来包括了交通便利程度、地段繁华程度、周边配套完善程度等一般因素，而由区位因素引起的价值变化，首先体现在商业用地上，其次是住宅用地，最后是工业用地。总体来看，区位较差的农用地与区位较好的建设用地之间的交易才能实现建设用地指标价值的最大化。

（三）城镇土地供需状况

土地价格水平的高低及其变动，从经济学上讲，是由土地的供给与需求状况这两种相反力量共同作用的结果。随着城镇化进程的不断推进，城

---

① 张明龙，周剑勇，刘娜. 杜能农业区位论研究 [J]. 浙江师范大学学报（社会科学版），2014（5）：95-100.

市对建设用地的需求越来越大，既有政府兴建公共与公益设施的需求，也有开发商或用地企业从事土地开发的需求。另外，为保障国家的耕地红线以及生态安全，耕地总量必须保持平衡。这就导致了城镇土地供需矛盾愈发尖锐。土地是稀缺性资源，城镇土地供小于求必然会导致建设用地价格的节节攀升，而由于农用地价格的提升幅度始终难以与建设用地相比，二者之间的价格差异也会逐渐被拉大。建设用地指标价格主要由建设用地价格与农用地价格之差决定，这就决定了建设用地指标价格也将在较短时间内上升到较高位置。当城镇土地供大于求时，土地价格将随之降低，在农用地价格相对固定的前提下，建设用地指标的价格也处于下降趋势，作为建设用地指标供应者的农村集体经济组织将通过拒绝参加土地整理的方式，减少建设用地指标供应。随着建设用地指标供应的减少即建设用地指标规模的缩减，城镇土地供应规模也只能相应减小，从而让城镇土地供需逐渐达到均衡状态。

（四）功能区域定位

一般来讲，政府对城市发展功能区域的定位必然会影响当地建设用地的用途与数量，并最终与建设用地指标的价格相关联。尽管随着社会经济的发展变化，土地尤其是存量土地的用途会变化，但土地用途的变化周期一般较长。政府对城市功能区域的准确定位会对将来当地新增建设用地具体规划和计划作出明确指引。当城市中的某个区域定位于用于未来商业开发时，其土地价格自然要比其他类型如工业、住宅用地高。城市功能区域如何定位，影响因素有哪些，既与城市自身的特点相关，同时也与城市所在的宏观区位相关。这些影响因素都会直接对新增建设用地的建设用地指标产生影响[1]。

第四节　建立建设用地指标跨区域交易的收益反馈机制

虽然我国当前没有在土地权利体系中设置土地发展权这一权利，但是十八届三中全会提出要"建立兼顾国家、集体、个人的土地增值收益分配

---

[1]　范辉，董捷. 论农地发展权价格 [J]. 生产力研究，2008（9）：39-41.

机制"，已经隐含了分享土地发展权的理念①。建设用地指标跨区域交易，实质上是东西部资源与资金的交换，需要在顶层设计中分配好土地非农化和城镇化产生的增值收益。应该看到，我国经济发展水平有了很大提高，不能再靠低价获取农民土地财产权利来降低工业化城镇化成本，有必要也有条件大幅度提高农民在土地增值收益中的分配比例②。在耕地保护、环境保护等公共利益维护的过程中，土地增值收益的分配要实现从"土地发展权国有化建设用地指标管制"向"规划管制发展权市场化交易"方式转变③。因此，就建设用地指标市场化交易的收益反馈而言，明确界定参与交易各方作为收益分配的主体，是确立合理且公正分配比例的首要条件和基石。按照《中华人民共和国土地管理法》的规定，政府拥有建设用地指标交易及溢价的规划管控与用途管制权，农村集体经济组织拥有土地所有权、农民拥有土地使用权。三者理应凭借其权力或权利参与交易收益分配。另外，各地也以市场化方式鼓励社会资本介入土地整理项目。如何界定社会资本的收益反馈方式，关系到土地整理项目实施的可持续性及未来的走向。为平衡多方主体利益，允许社会资本获取合理的土地整理项目工程利润，而不参与指标交易的增值收益分配，应是其收益反馈的最优方案。另外，随着政府逐步退出建设用地指标整理市场，社会资本会逐步介入并逐渐成为主流。无可否认，社会投资人将资本的逐利性摆在首要位置，资本投入当然应取得回报，而如何界定社会资本的收益反馈方式，关系到土地整理项目实施的可持续性及未来的走向。为确保建设用地指标市场化交易的推进，要加快农村产权尤其是集体土地所有权、宅基地使用权、未利用地及闲置用地的土地使用权登记的步伐，强化农村集体土地的产权管理，借鉴城市土地估价经验，逐步建立与城镇地价体系相一致的农村土地价格评估体系。以下将分述对各方主体的具体收益反馈方案。

一、对政府的收益反馈方案

对政府是否参与建设用地指标市场化交易后的收益分配，理论界和实

---

① 洪小翠，楼江. 我国土地发展权配置与流转制度设计 [J]. 上海国土资源，2014（3）：11-14.

② 新华. 农民在土地增值收益中分配比例将提高 [J]. 北京农业，2012（7）：6.

③ 程雪阳. 土地发展权与土地增值收益的分配 [J]. 法学研究，2014（5）：76-97.

务界存在不同的观点。一些学者认为地方政府既非土地所有者，也不是土地使用者，没有理由参与土地流转收益分配[①]。另外一些学者则认为政府的公共公益基础设施投入带来了土地增值，理应参与收益分配[②]。还有的学者提出通过合理界定和配置土地发展权来确定土地收益分配[③]。部分地方规定了政府可参与建设用地指标交易后的收益分配，其理论依据在于建设用地指标除具有私权属性外，同时也兼具了公权属性。政府在土地资源配置中扮演着重要角色，能弥补市场配置不足，但也存在有效干预问题。在政府有效干预下，土地用途转换带来在农业用途基础上的价值增值即为土地发展权价值[④]。

在市场经济条件下，政府的主要职责是制定市场交易规则，在保障效率的同时，维护社会最基本的公开、公平、公正，确保相关权利人的利益均得到政策法规保障。虽然政府在农村土地综合整治中对基础设施建设有财政投入，并因此投入给未来建设用地指标的交易提供了增值的空间，但这只应看作政府履行了自身职责，基础设施投入不应成为政府直接参与收益分配的理由，但社会公平问题确实需要政府来解决。对于区位相近的集体土地，土地利用规划的限制会形成相关权利人之间收益的不平等待遇，规划为基本农田与规划为建设用地，其间的利益差距巨大。而事实上，同为集体土地所有权人，无论发展权如何配置，所有权人之间权益应是平等的。如何实现利益均衡是政府出台相关政策时要着力解决的问题。因此，从利益均衡的角度考虑，政府需要通过财税方式进行收益调节，而不是直接参与收益分配[⑤]。

二、对集体的收益反馈方案

合理界定土地产权归属是确保收益分配明确性的关键前提。依据我国

① 李延荣. 集体建设用地流转要分清主客体 [J]. 中国土地, 2006 (2): 14-15.

② 卢吉勇, 陈利根. 集体非农建设用地流转的主体与收益分配 [J]. 中国土地, 2002 (5): 2.

③ 黄祖辉, 汪晖. 非公共利益性质的征地行为与土地发展权补偿 [J]. 经济研究, 2002 (5): 66-71, 95.

④ 张占录, 赵茜宇, 李蒴. 中国土地发展权的经济分析与配置设计: 以北京市平谷区为例 [J]. 地域研究与开发, 2015 (2): 137-141.

⑤ 王文, 洪亚敏, 彭文英. 集体建设用地使用权流转收益形成及其分配研究 [J]. 中国土地科学, 2009 (7): 20-23, 65.

现行农村土地法律法规，集体土地的所有权归属镇、村、组三级农村集体经济组织所有。在全面完成农村产权确权颁证工作的前提下，进一步完善集体经济组织内部的决策体系，确立土地所有权相关收益分配的基本原则，是达成收益分配合理化的有效策略。内部决策机制的内容应包括：一是集体经济组织成员的界定及其依据；二是收益分配方案产生及表决程序；三是集体经济组织各成员参与收益分配的份额及依据等。2024年6月28日，《中华人民共和国农村集体经济组织法》[①] 表决通过，该法第四章"组织机构"中对内部决策的事项及决议程序予以了明确规定，为农村集体经济组织更好履行其职责，切实保障成员合法权益提供了重要依据。

集体经济组织作为农用地和集体建设用地的一般和现实所有者，应获得绝对地租以及因土地自然条件与后续水利交通等基础设施投入差别所形成的级差地租。而针对农村土地的外部增值收益即农用地转为建设用地所产生的"用途转换性增值"，也是土地增值的一种具体表现形式，这部分收益差额也应该由集体经济组织占有[②]。从目前情况看，建设用地指标交易收益所得通常很难由农村集体经济组织提留，因为交易收益的绝大部分已预支土地整理项目中的农民安置补偿。从长远保障集体经济发展的角度，四川省制定了预留10%建设用地指标给集体的强制性规定，这对集体经济发展壮大十分重要。如无上述预留指标，待到需要新审批集体成员宅基地或发展乡村产业时，必将面临无地可用的境地，从而影响"住有所居"保障及集体经济的发展壮大。

---

① 《中华人民共和国农村集体经济组织法》第二十六条分别明确了与集体收益有关的具体事项，如批准农村集体经济组织的集体经济发展规划、业务经营计划、年度财务预决算、收益分配方案。对农村土地承包、宅基地使用和集体经营性财产收益股份额量化方案等事项作出决定。对集体经营性建设用地使用、出让、出租方案等事项作出决定。决定土地补偿费等的分配、使用办法。决定投资等重大事项等。第二十七、二十八条分别规定了集体内部民主决策的一般程序：农村集体经济组织召开成员大会，应有三分之二以上具有完全民事行为能力的成员参加。成员无法在现场参加会议的，可以通过即时通信工具在线参加会议，或者书面委托本农村集体经济组织同一户内具有完全民事行为能力的其他家庭成员代为参加会议。成员大会作出决定，应当经本成员大会全体成员三分之二以上同意。农村集体经济组织成员较多的，可以按照农村集体经济组织章程规定设立成员代表大会。设立成员代表大会的，一般每五户至十五户选举代表一人，代表人数应当多于二十人，并且有适当数量的妇女代表。成员代表大会实行一人一票的表决方式。成员代表大会作出决定，应当经全体成员代表三分之二以上同意。

② 吴郁玲，曲福田，冯忠垒. 论我国农地发展权定位与农地增值收益的合理分配 [J]. 农村经济，2006 (7)：21-23.

三、对农民的收益反馈方案

在我国大力推进新型城镇化与乡村振兴进程中，如何有效地运用建设用地指标交易机制，以平衡城乡之间及区域之间的利益差异，成为至关重要的议题。这一机制的实施，旨在通过市场手段合理调配土地资源，确保城乡与区域间的发展能够协调共进，进而推动国家城乡融合的健康、可持续发展。要通过机制创新实现土地发展增值收益的共享，特别是要首先保证农民能够分享收益①。目前，建设用地指标的市场化交易已在部分省、市实践数年，在制度设计方面虽有细微差别，但总体思路趋于一致。就笔者看来，各地制度设计中最大的缺陷无外乎对建设用地指标交易后的收益如何反馈给农民考虑不足，仅仅解决了城市发展的用地瓶颈问题，与城市相比农村在收益分配方面处于明显劣势，存在显失公平的情况。依据《中华人民共和国民法典》第二百六十一条之规定，农民集体所有的动产和不动产实质上属于当地集体经济组织的成员即农民集体所有，而不动产主要包括土地、房屋等。根据该条规定，集体经济组织虽然是名义上的土地所有权人，但背后实质上的权利主体应是本集体经济组织成员，而他们享有土地物权的基础是他们拥有集体财产的成员权。农民作为农地的承包者、宅基地的使用者以及建设用地指标的部分所有者，理应分享土地的增值收益，该收益在建设用地指标初次交易后的所得收益中实现。

针对建设用地指标交易后收益对农民具体应如何分配，从目前成都的情况看，主要有两类。一类是政府或国有公司投资参与的建设用地整理项目，另一类是集体经济组织自筹或吸引社会资金参与的建设用地整理项目。通过政府或国有公司出资参与的土地整理或城乡建设用地增减挂钩项目整理出的建设用地指标被转让后，全部价款归集到了成都市国土资源局设立的农村土地综合整治基金中，该部分资金将统一用于成都市的土地综合整治项目和农村基础设施建设支出。在实施土地整治项目过程中，政府参照征地拆迁安置补偿标准，对农民进行现房（或货币）安置与土地补偿。从根本上讲，农民从本地建设用地指标交易即建设用地指标转让中所得到的除了自有安置住房、原有耕地及新增复垦耕地的承包经营权以及部

---

① 陈柏峰. 土地发展权的理论基础与制度前景 [J]. 法学研究, 2012 (4)：99-114.

分基础设施配套的改善外，再无其他补偿，而他可能新增的家庭日常开销包括了水费、气费、小区物管费以及因耕作半径加大而产生的交通费等。笔者认为，此种方案对建设用地指标的实际转出方——农民是不公平的，虽然建设用地指标在市场上实现了其价值，但该价值最终未回到发展权转出区域。对于政府投资的土地整理项目，建设用地指标价款回到了整治基金，待到实施下一个异地土地整理项目时，政府从该基金中拨付所需款项。这就存在一个收益反馈主体的错位问题。目前，成都市已出台文件要求县（市、区）政府及所属国有公司退出土地整理项目，引导和鼓励社会资本积极参与土地整理项目。

对社会投资人参与的农村土地综合整治项目，如果农民集体与社会投资人约定整理出的指标归社会投资人所有，农民得到的仍然是参照征地拆迁的补赔偿，以市场化手段实现的建设用地指标增值部分仍然不能由农民直接享有。为此，农民只得在建设用地指标的产生环节即农村土地综合整治项目的拆迁中力争获取更多的补赔偿。事实上，只有农村集体经济组织自行筹资进行建设用地整理的项目，农民才能完整地享受建设用地指标收益，而由于整理需要大量的资金，农村集体经济组织单独筹集资金或以预期整理出的建设用地指标质押融资的案例少之又少，绝大多数还是政府投资或吸引社会资本进入的案例。

因土地利用总体规划限制以及严格的用途管制制度，不同建设用地指标权利人之间的待遇难免会出现不平等的状况。要真正实现主体间的利益均衡，抑制农民非法转用土地的欲望，主要的办法是将农用地与建设用地间显著的收益差异通过制度设计进行调整权衡。笔者认为，除了可通过建立失地农民生存保障体系，强制规定在发展权收益中提取一定比例为失去发展权的农民购买社会保障等方法来落实农民的收益外，还应建立建设用地指标的溯源机制，从而在一定程度上避免收益分配的错位，保护建设用地指标转出区域农民的利益不受损害。

从建设用地指标的产出过程看，如果是通过城乡建设用地增减挂钩产生的指标，因指标产生涉及拆旧区与建新区共同组成项目区，对建新区产生指标的来源是能够追溯到具体的村、组甚至农民的。而这部分自愿参与土地整理的农民才是建设用地指标的真正转出方，建设用地指标交易后所得收益的归属就有了明确指向。

为确保建设用地指标收益与建设用地指标人的一一对应关系，溯源机制的建立应满足以下条件：首先，可交易的建设用地指标应是通过城乡建设用地增减挂钩项目实施而产生的指标。对其余零星的建设用地整理产生的指标，如农民自愿退出宅基地后还耕产生的指标，因指标规模过小，且指标产生的质量无法保障，暂不宜推行零星指标溯源程序。其次，应做好整理出的建设用地指标的登记工作。在建设用地指标证书中应对原复垦耕地的详细位置及坐标进行记载，确保建设用地指标交易后，权利人的收益能够固化。最后，应根据建设用地指标证书记载的内容对建设用地指标收益进行分配，但在分配时应注意兼顾国家、集体以及社会投资人的利益。

四、对社会投资人的收益反馈方案

随着政府逐步退出建设用地整理市场，在农村集体的经济实力十分有限的情况下，社会资本将成为未来建设用地指标整理的重要力量。如何才能最大限度鼓励和引导社会资本参与土地整理，给予合理的投资回报无疑是最有效的方法。按成都市的现行政策，对整理出的建设用地指标收益分配，原则上由社会投资人与农民协商确定。目前的操作方法一般是社会资本投资建设农民安置房及小区相关配套，并将原宅基地复垦为耕地，节余出来的建设用地指标全由社会投资人取得。无论未来指标在市场上交易后的收益如何，均与农民无关。该种方式带来的直接结果是土地增值收益被社会投资人独占，毕竟土地整理的成本是相对固定的，而指标的市场价格却是浮动的，土地增值收益也是随市场不断变化的。随着市场观念的逐步普及，经济相对发达区域的农民在清楚建设用地指标的市场价格后，为了争取自己利益的最大化，在与社会投资人就房屋拆迁补偿进行谈判时，会要求提高补偿标准及价格。如果双方迟迟无法取得共识，往往不欢而散，徒增双方的谈判成本。

建设用地指标并非社会投资人的原始权利，故其不应该参与建设用地指标收益的初次分配。为确保农民能够分享建设用地指标市场化收益，同时也兼顾社会资本的利益，笔者建议对社会投资人参与的农村土地综合整治项目，可事先由双方协商，明确一定的资金回报比例，但不得采取节余建设用地指标归社会资本所有的回报方式。在整理出的指标通过市场化交易取得收益后，首先扣除约定的投资回报比例，剩余部分均应返还给建设用地指标转让人或另行再约定增值收益分享比例。这样既可以让社会投资人对此项投资的风险在前期有所预判和控制，又能够避免农民应享受的建设用地指标的收益被社会资本独占。

综上所述，推动建设用地指标跨区域交易的过程，是多个利益相关者之间相互博弈的过程。利益的相对一致性是节余指标成功交易的前提，如果在建设用地指标交易过程中出现严重的利益失衡现象，可能会给经济、政治、社会和生态环境等多方面带来不可预测的风险①。建设用地指标市场化交易的中观机制主要包括了建设用地指标的供需机制、交易的动力机制、交易的定价机制以及交易后的收益反馈机制等。建设用地指标的供给机制主要包括了现行政策法规所规定的两类建设用地指标产生方式，即城乡建设用地增减挂钩及农村土地综合整治。受土地资源有限性的影响，某一区域的建设用地指标供给也是有限的，而建设用地指标的需求机制由经济发展水平以及建设用地指标的制度设计方式所决定。当总体经济形势趋于良好，对建设用地指标的需求必然旺盛。反之，则需求下降。随着新型城镇化、工业化速度的不断加快，城镇建设规模和人口规模的不断扩张，对建设用地和建设用地指标的需求也在不断扩大，且这种需求具有无限性。因此，建设用地指标供需机制的不平衡性，决定了其市场价格能够在交易中得到最大化体现。

建设用地指标市场化交易的动力机制主要包括了区域间协调发展、构建城乡统一建设用地市场、集约节约利用土地、农民分享改革发展成果、农村劳动力的集中转移以及优化农村产业结构。无可否认，区域间经济发展的不平衡性将会是长期存在的，让建设用地指标从欠发达地区向发达地区的流动能够一定程度上满足发达地区的经济发展需要，同时也让欠发达地区通过交易建设用地指标获得收益。这种双赢局面的出现，需要区域间协调发展的动力来推动。随着土地集约程度的不断提高，在城乡建设用地及耕地保有量总体平衡的前提下，整理出来的农村建设用地指标才有了向城市流动的基础，否则，建设用地指标的市场化交易在目前土地粗放利用的情况下是无法实现的。建设用地指标市场化交易制度设计的关键是生成以市场倒逼农村土地改革的机制，将原本带有计划指令性的指标变为可以

① 韩曼莉，程久苗. 安徽省城乡建设用地增减挂钩节余指标省域内流转相关问题研究 [J]. 农村经济与科技，2020（1）：223-226.

在市场上交易的准商品，加之土地资源稀缺性的长期存在，建设用地指标将以市场化的价格予以体现，从而让集体和农民获取更大的收益，分享更多改革发展的成果，促进农村劳动力集中转移与优化农村产业结构。

从现有制度设计及四川省乐山、巴中、凉山等地的案例看，政府、集体、农民、社会资本均是直接获益主体，尽管利益类型不尽相同，如政府收益表现为财政收入增加、城镇空间扩展；集体收益表现为村公共基础设施完善；农民收益表现为住房条件改善；社会资本收益则表现为通过项目实施赚取合理利润。建设用地指标交易后的收益反馈机制分别涵盖了对政府、对集体、对农民以及对社会投资人的收益反馈机制。在市场经济条件下，政府的主要职责是制定市场交易规则，政府应通过财税方式进行收益调节，而不是直接参与收益分配。建设用地指标交易后所得增值收益主要由农村集体经济组织获取或提留。对农民的收益反馈方案，建议通过建立建设用地指标的溯源机制，根据建设用地指标产出主体即农民的产权贡献进行利益回溯与分配。社会投资人并非建设用地指标的原始权利人，同样不应参与建设用地指标收益的初次分配，其投资回报建议界定为资金回报或整理出的集体建设用地就地使用，不宜采取节余建设用地指标归社会投资人所有的回报方式。

第九章 建立建设用地指标跨区域交易制度的微观设计

第一节 地役权制度在建设用地指标跨区域交易中的应用与创新

一、地役权与建设用地指标之耦合

综合地役权在近现代各国立法中的新发展，不难看出地役权的现代价值绝不仅是一种所谓的相邻不动产之间相互利用的方式，即对相邻关系的延伸和补充。事实上，地役权为我们提供了一种用益物权的一般模式，凡是对他人不动产的用益和使用，在没有合适的他物权形式时，均可以通过设立地役权的形式予以确立，并取得法律保护[①]。

随着社会的不断进步与发展，物的利用方式也在不断演进变化，当出现一类新的不动产利用方式时，囿于物权法定原则的限制，无法及时取得对应的名称及取得合法的物权身份。随着此种新型不动产利用方式的大众化，对该种利用方式单独立法的呼声日渐高涨，这时，地役权制度的引入，往往能够化解这个物权身份难题，使新型物权方式成长为完全独立的物权种类。无论是《中华人民共和国民法典》中的居住权，抑或空间利用权的

---

① 张鹏. 究竟什么是地役权?：评《物权法（草案）》中地役权的概念 [J]. 法律科学（西北政法大学学报），2007（1）：89-95.

成长过程，都从各个侧面反映了从地役权逐步派生出其他新型物权的例子①。

我国目前尚未建立建设用地指标法律制度，而《中华人民共和国民法典》中的地役权制度设计却能为我们将来设立建设用地指标制度提供有益的思路。二者的共同点主要有以下几个方面：一是二者均属于用益物权的范畴。用益物权是指以他人之物的使用收益为标的的物权。建设用地指标体现的是当土地在不同用途之间进行相互转换时，土地所有人对建设用地指标的行使。地役权是为自己方便而使用他人之物而产生。二是二者的客体均为不动产——土地。三是二者均涉及两宗土地。建设用地指标涉及发展权转出地与发展权转入地两块土地，而地役权则涉及供役地与需役地两块土地。四是二者均有为他人利益或方便而放弃自身利益或方便的条件。建设用地指标是放弃自有土地的建设发展权，而将其转让给其他土地的使用人；地役权是为了自己的方便，而在他人土地上设立的供自己方便的权利。五是二者的法律关系都存在一个两方契约关系。建设用地指标的交易需以交易双方的合同为前提，同理，地役权的设定同样需要供役地方与需役地方订立合同来实现。

建设用地指标与地役权之间尽管有许多共通之处，但它们的区别也较为明显：一是权利的性质。地役权是典型的物权类型，属于纯粹的私权范畴。尽管建设用地指标从本质上讲应属于私权范畴，但其权利上所负载的耕地保护义务以及表现形式——土地指标的计划管理特征，造成了建设用地指标是一项公私属性兼具的权利类型。二是设立的有偿或无偿性。建设用地指标因其转让涉及自身发展权的丧失，一般采取有偿方式交易；而地役权设定既可以采取有偿方式，也可采取无偿方式。三是权利主体存在特定性与普遍性的差异。建设用地指标的主体是农村集体经济组织及农民，其主体带有一定的特定性；地役权的权利主体是为了自身方便而利用他人土地的主体，不具有特定性。

二、地役权在建设用地指标交易中的作用

以地役权的一般原理来对建设用地指标进行制度设计，我们可以构建以下权利模型或结构：首先，从土地区位来讲，建设用地指标转出区域直

---

① 刘乃忠. 地役权法律制度研究［M］. 北京：中国法制出版社，2007：269.

接对应地役权中的供役地，而建设用地指标转入区域直接对应地役权中的需役地。其次，从合同签订主体看，建设用地指标交易主体双方直接对应地役权的供役地与需役地双方。最后，从权利作用看，设立建设用地指标的主要作用在于"方便"经济发达区域未来的发展权规划，但以限制转出区域农民的建设开发权为基础；而设立地役权的主要作用在于"方便"需役地人更好地利用其土地，提高土地利用效率，但同样以牺牲供役地权利人对自身土地的利用为前提。

从上述分析可以看出，地役权与建设用地指标的"嫁接"是有成功基础的，地役权的理论能够帮助我们扩展建设用地指标市场化交易的视野与路径，可对完善建设用地指标交易体系并最终将其上升到一项真正的物权制度起到不可估量的作用。

第一，地役权制度能够以物权方式将建设用地指标转出区农民的耕地保护责任予以固化。国外对建设用地指标的研究已较为成熟，引入我国后在理论与实践方面均取得了一定成果，但毕竟该项权利未在《中华人民共和国民法典》上予以明确，其权利的最终落实还须依靠土地指标的行政干预方式完成。如果能在建设用地指标市场化交易中引入地役权制度，将发展权转出方捆绑为供役地人，将转入方捆绑为需役地人，那么二者按照契约形式，以发展权转让价格为支付对价，可让原本一个虚化的权利设计演变出实在的权利内容。

第二，引入了耕地保护的多方主体监督机制。建设用地指标转出区域在计渡发展权并取得对价后，有一个很重要的责任，就是履行该区域内的耕地保护义务。若按原来的建设用地指标思路，政府是督促其履行义务的唯一主体，而地役权制度引入后，需役地权利人为了将来自己发展的"方便"，需要监督供役地人是否为其提供了"方便"，而该"方便"并不是简单的通行、采光、供水等一般责任，而是要求供役地能够持续地用于农业耕作。这就在政府的土地用途管制之外，在行政手段上叠加了一项民事措施，将供役地与需役地挂钩，让需役地人也承担起保障耕地红线的责任。这实际上也与国务院关于城乡建设用地增减挂钩的要求相一致，即拆旧区（发展权转出区）与建新区（发展权转入区）要组成项目区，二者的进度、质量互相关联，而复垦面积、新增耕地面积直接决定了新增建设用地的大小。

三、建设用地指标的物权登记

在农村房地产管理和物权的产权明晰方面，目前各种法定的农村个人房地产权利的范围和权限以及其他诸多权利要素还需要法律进一步界定[1]。前已述及，建设用地指标在现有物权体系中找不到明确依据，故在操作实践中，其权利表现形式只能通过建设用地指标的形式出现。以成都为例，随着统筹城乡用地制度改革的深入，土地行政管理部门已自行开展了建设用地指标的登记，并颁发《建设用地指标证书》，指标证书记载的事项包括了权利人、指标面积、指标用途、交易取得（编号、单价、总额）、原始取得（项目名称、投资主体、立项文号、验收节余建设用地指标）、登记单位、复垦地块编号等[2]。目前，这种登记方式从法律上找不到明确的对应概念，且该登记实际上只是行政管理职能的延伸，而非对建设用地指标人财产权利的法律确认。而地役权登记制度的引入能够帮助我们解决上述问题。按照前面提及的地役权与建设用地指标的对应特点，对地役权进行登记，只是登记的权利主体变为了地役权人，而对应到建设用地指标中是建设用地指标的受让人，建设用地指标的主体即集体经济组织仅登记为供役地人，虽然主体地位上有所颠倒，但毕竟从物权上给予了有力的保护。

《中华人民共和国民法典》对地役权登记的规定采取的是"登记对抗主义"，即地役权自合同生效时成立。对地役权的登记机关来说，由于我国原《物权法》首次设立地役权制度，缺乏可资借鉴的经验。因此，具体的登记规则和程序需要相关规定及司法解释予以明确。总之，地役权的登记与否，在《中华人民共和国民法典》中是一个任意性条款，当事人可以在设立地役权合同中自行决定登记与否。在地役权合同中，当事人没有明确约定登记的，合同生效后，如果一方要求登记，则另一方应当支持。在地役权合同中明确约定不予登记的，如果一方当事人在合同生效后要求登记，则不予支持[3]。在因建设用地指标交易而设置的地役权合同中，鉴于

---

① 杨遂全. 农村个人房地产产权的制度缺陷与补漏 [J]. 中国房地产，2009（3）：49-51.

② 本书所提及的《建设用地指标证书》的样式参照了成都市自创的指标登记证书的内容。因该证书登记建设用地指标系城乡建设用地增减挂钩周转指标，故指标对应了挂钩项目具体复垦的土地编号，做到了新增建设用地与复垦农用地的一一对应。

③ 张鹏，史浩明. 地役权 [M]. 北京：中国法制出版社，2007：44.

供役地承担了重要的耕地保护责任，建议将来可采取司法解释或其他规定的形式要求该类合同都应到登记机关进行登记。

关于地役权登记的期限问题，我国《中华人民共和国民法典》第三百七十七条作出了明确规定，即在不超过建设用地使用权及承包经营权剩余期限的前提下，可由双方当事人自由约定。中国实行土地公有制，在此前提下，作为建设用地指标转出主体的土地承包经营权人和作为建设用地指标转入主体的建设用地使用权人均为独立的利益主体。构建地役权制度时，应赋予他们需役地及供役地人的地位，设立地役权期限时，考虑到耕地保护的长期性，建议可不定期限，但未定期限并不是永久期限，而是视为无期限。

第二节　建设用地指标跨区域交易市场体系构建

一、建设用地指标期权交易市场

建设用地指标需要通过城乡建设用地增减挂钩项目实现，而项目实施需要的资金量非常大，涉及土地复垦、安置房建设、小区基础设施配套、项目编制验收等多项费用，单纯依靠集体经济组织和农民筹资是难以支撑整个项目的。以往都是政府平台公司参与土地整理，取得的指标由政府平台公司收储，但指标使用方式由政府决定。事实上，建设用地指标收储是一种国家调控行为，表现为公权力的行使，因此，其收储范围必须受到严格限制，否则很容易造成建设用地指标收储机构利用自身的优势与其他市场交易主体"争利"，导致压低建设用地指标交易的市场价格的现象，造成对建设用地指标交易市场的不当干预，最终造成建设用地指标一级市场的国家垄断，侵犯指标生产者与指标持有者的权益[①]。

随着大量综合整治项目的立项审批通过，项目的实施需要吸引大量的社会资金，如何鼓励和引导，这就需要建立一个涵盖信息发布、项目包装和交易促成的市场机制。通过信息发布，将土地整理项目情况予以公示，

---

① 汪莉，王珺. 建设用地指标收储机制构建刍议［J］. 安徽农业大学学报（社会科学版），2017（5）：66-70.

告知非特定的社会投资人项目的基本信息、运作方式以及投资回报情况等。同时，为更有针对性地吸引投资人，有必要对项目情况进行策划包装，找准投资人感兴趣的投资点。目前，建设用地整理项目的实施不仅可以实现对农民的拆迁安置，更为重要的是通过土地的归并整理与结构优化，将更多优质的农村产业化项目引入整理项目区。而这些都需要建立一个成熟的交易市场与平台。虽然这个阶段交易的并不是真正的建设用地指标，而仅仅是取得建设用地指标的期权，但它却直接决定了未来建设用地指标的数量与质量。

二、建设用地指标实权交易市场

建设用地指标一级市场是指对初次整理出来的建设用地指标公开进行交易的市场，而二级市场是指建设用地指标初次流转后指标持有人并未寻找到合适的土地进行覆盖，在指标"落地"之前可再次进行交易的市场。从狭义上讲，建设用地指标的市场一般仅指一级交易市场。从我国各地关于建设用地指标交易市场的规定看，各地都有一级交易市场的规定，但对二级交易市场却未有明确规定，有的地方如成都甚至明确禁止土地指标的再次交易，规定指标取得人不使用指标的，由政府予以回购[1]。各地未建立二级交易市场的原因主要有以下几点：一是担心因个别投机者故意囤积指标，导致价格泡沫；二是考虑到土地指标的计划属性。因为土地指标兼具了公权与私权两种属性，受土地利用总体规划及年度土地计划限制，而流动性过大的二级指标市场可能会对我国现有的土地用途管制及土地规划带来影响。而事实上，禁止二级市场交易的弊端也是非常明显的：首先，限制建设用地指标的再次交易实际上是对私权利的压抑，民事权利仅能一次性交易，大大削减了权利的价值，让投资者对权利的持有存有疑虑。一旦大量投资者不愿持有建设用地指标或者从市场上取得建设用地指标，社会资金也就无法进入建设用地指标的生产程序，这样又逼迫政府自行从事土地整理，这样又回到了原来的恶性循环的路径。其次，为避免出现囤积指标、恶意抬高指标价格的情况，可限制权利人持有指标的数量以及每年每次可提交上市交易的指标数量，而不是因噎废食，完全禁止土地指标的

---

[1] 《关于完善建设用地指标交易制度促进农村土地综合整治的实施意见》（成国土资发〔2011〕80号）规定，建设用地指标交易后，不得再次转让，但可以分割、合并使用。

二级市场交易。最后，部分地方之所以没有设计二级交易市场，是因为设计了政府回购制度。当指标权利人不需要指标时，只能由政府收购后用于储备，而收购的价格往往比较低，不能体现市场价值。因此，建设用地指标二级交易市场的建立同样十分必要。

第三节　公权统筹范围

一、交易规模统筹

建设用地指标既要受到土地计划的管制，又要与市场调节充分结合。过度地强调耕地总量及建设用地总量的平衡，而不顾二者的结构与分布，将会导致耕地总体质量下降、建设用地布局混乱的状况。若不设置建设用地指标的交易上限，将会出现经济发达地区在欠发达地区"抢购"指标的情况。这样虽然会在一定程度上推高建设用地指标的价格，但长此以往将催生建设用地指标市场的价格泡沫。一旦泡沫破裂，最终受损的不仅是作为建设用地指标人的集体经济组织和农民，还有可能触碰到我国的耕地保护红线，直接造成国家的粮食危机。因此，在国家层面设置建设用地指标交易总体规模或年度计划有其必要性及迫切性。

按照《重庆市农村土地交易所管理暂行办法》（渝府发〔2008〕127号）第二十六条关于建设用地指标交易调控管理的规定，"市人民政府对城乡建设用地挂钩指标交易总量实行计划调控，每年度交易指标量要根据年度用地计划、挂钩周转指标规模和经营性用地需求情况，合理确定"。成都市的相关规定较为含糊，《关于完善建设用地指标交易制度促进农村土地综合整治的实施意见》（成国土资发〔2011〕80号）中关于完善配套措施的内容规定："促进指标市场与国有土地市场协调运行。根据指标市场供需情况，适时进行交易，实现指标交易常态化。"从重庆市、成都市的规定不难看出，交易规模设置的原则既要兼顾建设用地指标转出区域的未来发展规划，也要考虑到转入区域的耕地保护数量与质量。前已述及，成都市可交易的建设用地指标规模要受到上级国土资源部门下达的城乡建设用地增减挂钩周转指标的限制。同时，成都市还出台了政策规定，当第三次全国土地调查确定的某一个县（市、区）的建设用地总量已经超过土地利用总体规划确定的该区域建设用地总量时，该县（市、区）将不得到其他县（市、区）购买指标，只能通过本地开展土地综合整治项目的方式来自求平衡。此种方式较好地限制了建设用地指标的无序交易，能够引导县（市、区）在使用建设用地指标时充分考虑当地经济发展规划与方向，避免盲目交易的情况出现①。另外，建设用地指标的产出随着土地整理项目的逐步实施，终归会有结束的一天，因此，适当控制交易规模会有利于更长期的经济社会发展。同时，对供给的限制，也能够在一定程度上对建设用地指标价格的提升起到一个助推作用。

二、交易范围统筹

按国务院以及国土资源部关于城乡建设用地增减挂钩试点的规定，经过建设用地整理或增减挂钩产生的土地指标只能在本县（市、区）范围内流动，跨县（市、区）的流动不被允许。但显而易见的是，仅仅局限在小范围内的流动既无法充分体现建设用地指标的价值，也是对发展权的低效使用。因此，十分有必要扩大建设用地指标的交易范围。目前，全国部分地区也在开展这方面的试点工作，如浙江、重庆、成都等地都在探索建设用地指标的跨县（市、区）、跨市（州）流动，更有部分学者提出了建设用地指标的跨省（区、市）流动，流动范围越大，对发达地区来讲越有利，对欠发达地区却越是不利，从最终结果来看是对区域间协调发展的破坏。毕竟建设用地指标集中到发达地区的某几个省、市或县手中，将会对建设用地指标形成一种垄断，而垄断带来的结果是建设用地指标价格被推高，对一些欠发达区域的供地需求形成打击，在没有能力取得建设用地指标的前提下，当地的经济发展、招商引资将受到极大的限制，形成"富人越富，穷人更穷"的局面。

根据国务院办公厅印发的《跨省域补充耕地国家统筹管理办法和城乡建设用地增减挂钩节余指标跨省域调剂管理办法》（国办发〔2018〕16号），仅允许"三区三州"及其他深度贫困县进行增减挂钩节余指标跨省域调剂使用。而从耕地分布状况来看，全国耕地后备资源主要集中在中西

---

① 据笔者了解，成都市下辖的温江区、郫都区等因近年来经济高速发展，土地开发速度加快，建设用地规模已超过土地利用总体规划确定的总规模，目前只能通过在本区域范围内自求平衡的方式补充建设用地规模。

部经济欠发达地区，这些地区有条件进行土地整理，但是节余指标在省域范围内的需求有限，交易价格较低。随着东部沿海优势地区省（区、市）经济的高速发展，经过持续不断的开发利用，其区域内的土地后备资源已变得稀缺，甚至部分已面临枯竭。因此，在这些地区内部实现耕地占补平衡的难度日益增加，同时，土地整理的成本也在不断攀升，给经济发展带来了新的挑战。在这一趋势下，如果能够进一步放宽建设用地指标跨省域交易的适用范围，允许中西部有条件进行土地整理的省级贫困县等也加入跨省域增减挂钩节余指标流转的行列，那么输出用地指标的地区就能提高指标收益，这将会让更多的欠发达地区享受到东部经济发达地区的经济发展红利。

笔者建议将建设用地指标的交易范围按实际分为三类。

第一类是全国范围内交易。该类交易以统筹为主、市场为辅。主要理由有以下几点：一是全国范围内的级差地租最大，若不加以统筹调剂，极易出现市场混乱。2011年，成都市"持证准入"建设用地指标拍出高价后，曾被国土资源部紧急约谈，可见中央对此一直持谨慎态度，不会任由市场自由交易。二是对于过大范围的指标调剂，如何对跨省复垦耕地进行质量监督是个难题。特别是东部耕地质量及等级相比西部更高，如何进行质量把控，最终还是需要统筹协调，故压缩控制规模，应该是其主要方向。三是结合东西部协作帮扶以及脱贫攻坚政策，通过"结对子"方式，可以让两地通过资源与资金交换实现区域均衡协调发展。

第二类是在省域范围内交易，该类交易以市场为主、统筹为辅。关于建设用地指标的交易范围，有学者认为，应将指标交易控制在省域范围内，其理由为：一是不会导致指标由中西部经济欠发达地区向东部经济发达地区集中，不会剥夺落后地区未来发展空间；二是我国建设用地指标分配、占补平衡等均以省级行政区为考核单位，省域内指标交易与土地利用总体规划、土地利用年度计划等的衔接以及监管比较方便，不会面临跨省土地规划管控、占补平衡等复杂问题；三是省域内指标交易仍然具有封闭性，指标总量及风险比较容易控制，可行性较高①。笔者认为，省域内交易主要有以下优势：一是建设用地指标的市场化交易除了为发达地区的经

---

① 刘澄宇，龙开胜. 集体建设用地指标交易创新：特征、问题与对策：基于渝川苏浙等地典型实践 [J]. 农村经济，2016 (3)：27-33.

济发展提供建设用地保障外，更为重要的是也为欠发达地区提供了一个以资源换资金的方式，让更多的资金能够流入欠发达地区，促进当地经济发展。与设区的市范围内的区域协调发展相比，全省的区域经济协调发展显得更为重要。二是以市为单元的土地整理规模毕竟有限，可供整理的土地指标被控制在一定范围内，而省域内的整理规模与空间要大得多，也更容易储备一些指标，减少因指标总量限制而产生的指标价格泡沫。三是省域内的指标交易更容易降低土地整理和拆迁安置的成本，避免指标价格上涨导致的土地价格泡沫。

第三类是在市域范围内自由交易。该类交易以地级市为交易范围，既允许指标在县域范围内交易，也允许跨县域交易。为体现建设用地指标的私权属性，应允许借鉴泸县"村村挂"模式，在公开市场进行自由交易。据笔者了解，成都市经济相对落后的第三圈层部分县（市、区）政府已要求本地域范围内整理出来的建设用地指标与耕地占补平衡指标只能在本行政区域内流动，主要考虑的是当地未来经济发展的需要。建设用地指标无论从短期还是长期来看均有稀缺性，即使是成都市第三圈层县（市、区），也已经意识到了土地指标的重要价值，以行政命令的方式阻止指标的流动。这样既有以行政强权侵害民事权利的嫌疑，又从另一方面凸显了土地指标仅能在市级范围内流动的局限性。

三、交易质量统筹

国土资源部印发的《城乡建设用地增减挂钩试点管理办法》（国土资发〔2008〕138号）规定："项目区内建新地块总面积必须小于拆旧地块总面积，拆旧地块整理复垦耕地的数量、质量，应比建新占用耕地的数量有增加、质量有提高。"因此，开展增减挂钩工作的首要前提是在确保耕地保护的前提下，实现建设用地资源的合理调配。而耕地保护责任不宜期望集体、农民或其他市场主体来主动履行，而是应由政府主动承担此项责任，故政府有必要坚持对交易建设用地指标的质量进行验收把关。

根据国务院办公厅印发的《跨省域补充耕地国家统筹管理办法和城乡建设用地增减挂钩节余指标跨省域调剂管理办法》（国办发〔2018〕16号）文件，"深度贫困地区根据国家核定的调剂节余指标，按照增减挂钩政策规定，以不破坏生态环境和历史文化风貌为前提，按照宜耕则耕、宜林则林、宜草则草的原则复垦，切实做好搬迁群众安置"。这意味着在深度贫困地区，增减挂钩项目复垦标准已适度放开。然而，对于非贫困地区，根据增减挂钩项目实施政策的规定，"整治腾出的农村建设用地，首先要复垦为耕地"。这一规定在现实实施过程中对于非贫困地区仍然缺乏一定的合理性。首先，跨区域安置导致耕作半径加大，即使将土地复垦为耕地，也无法实现正常生产经营，使土地面临无人耕种的窘境；其次，某些拆旧区由于所处的地理位置偏僻、交通不便、土壤质量差等原因，复垦为耕地既会增加土地整理成本，又无实际意义；最后，搬迁点零星分散，并且面积小，复垦难度大且成本高。因此，建议交易同样沿用"宜耕则耕、宜林则林、宜草则草"的原则。

四、价格区间统筹

按照目前对土地用途的一般分类，现有建设用地主要可分为经营性用地、工业性用地以及公共公益设施用地等。对建设用地用途界定的不同，将对建设用地指标价格的最终结果造成直接影响。笔者认为，将建设用地指标定义为由农用地转为国有经营性用地的权利更为合适。理由如下：一是从目前各类用途土地的平均成交价格看，国有经营性用地的价格相对较高，其建设用地指标的价值体现得最为充分。二是如按农用地转为工业性用地的价格计算，建设用地指标价值无法充分体现。众所周知，地方政府为吸引有实力企业进驻当地，往往以极低的土地价格即按工业性用地价格将土地出让给投资人，该价格明显低于市场价格，其价格差额往往由政府进行补贴。如此低廉的价格甚至有可能低于当地征地拆迁的补赔偿标准，可以想象，如此低的工业用地价格减去农用地价格，能够返还给建设用地指标人的已所剩无几，其市场化交易更无现实意义。三是从实际运行情况看，公共公益设施用地全部采用划拨的无偿供地方式，建设用地指标交易后的增值收益无从体现。国有经营性用地经过"招、拍、挂"程序后，其价格最后都由土地开发者承担，并以房地产价格的形式转嫁给了最终的购房者，分摊到购房者头上的建设用地指标价格实际上并不算高，但总价格将对发展权的转出方产生较大影响。建设用地指标转让价格越高，越有利于提高建设用地指标转出方对耕地保护的积极性，并最终对国家粮食安全和生态安全产生正面影响①。

五、交易平台统筹

从近年来成都市建设用地指标交易实践看，凭借全资国有的机构性质以及市场化交易的运作思路，成都农村产权交易所在建设用地指标"持证准用"、跨县跨市交易以及指标期权交易等方面取得了良好成效。2018年，四川省自然资源厅启用建设用地指标流转信息平台，用于省内指标交易的公示以及相关信息的查询，以实现对指标交易的统筹调控。综合上述指标交易平台搭建模式并考虑指标交易的特殊性，建议在国家层面搭建全国统一的区域性指标交易平台，负责跨省指标的统筹调剂。同时，为兼顾指标交易的私权属性及交易效率，建议由政府或国有资产管理部门设立的省级农村产权流转交易平台，负责省域内的指标交易，交易结果应及时报省级自然资源部门备案。

第四节　私权表达内容

从建设用地指标跨区域交易的制度设计看，强调中央一级对交易行为的统筹调剂，虽可以规范市场、防范风险，但过多采取行政计划式资源调配模式，忽视土地所有权人及使用权人对交易行为的意愿表达，无疑会对发展权移出区域的主体权益造成一定侵害，从而影响整个制度设计的公平性与合理性。

一、交易意愿表达

在建设用地指标市场化交易中，既要坚持集体经济组织的主体地位不动摇，也要充分认识到集体主体地位的现状，这就需要在以下方面将村民自治决议作为建设用地指标交易的必要条件。首先是要在土地整理立项中充分尊重农民意愿，完全由农民自行签字确认是否参加土地整理，不得以外部强制力强迫农民参与，集体经济组织有责任对集体经济组织成员进行

---

① 范辉，董捷. 论农地发展权价格［J］. 生产力研究，2008（9）：39-41.

是否参与的意愿调查。其次，对建设用地的整理集中必然会涉及农民土地权属及现状的调整问题，这时也必须充分尊重农民意愿，在达不成权属调整一致意见的情况下，不得启动建设用地整理项目。集体经济组织有义务协调权属调整中的各方利益平衡问题。再次，建设用地整理涉及引入社会投资人的，集体经济组织与社会投资人之间关于建设用地指标即建设用地指标的归属方案，须经全体村民大会决议后方可执行，集体经济组织负有公示方案的义务。最后，对建设用地指标市场化交易后的收益分配，也不能任凭个别乡镇、村组干部自行决定，其方案均须集体经济组织在村内公示无异议后方可执行。

二、交易价格表达

随着土地政策的不断演变以及农民权利意识的逐步觉醒，以往政府通过变相强制拆迁方式实施土地整理的情况将越来越少，利用信息的不对称来赚取土地巨额差价的机会也将不复存在。土地价格应包括建设用地指标价格，且随着价格的不断公开透明，整理土地的成本将逐年提高。鉴于此，成都市已明确要求县（市、区）地方政府及国有平台公司退出土地整理项目，取而代之的是农村集体经济自行开展或引入社会资金开展土地整理项目。而集体经济组织受制于本身资金的有限性以及对市场信息的把握不全，会将引入社会资金作为其开展土地整理项目的主要手段。笔者认为，由于社会投资人并非建设用地指标的原始权利人，他们同政府一样，无权参与建设用地指标收益的初次分配。社会投资人投入资金从事土地综合整治的主要目的是获取投资回报，而非以改善农村生产生活环境。因此，投资回报方式、投资回报率以及投资风险就是社会投资人首要考虑的问题。

三、收益分配表达

建设用地指标的整理成本与市场价值之间存在一定溢价空间，收益分配的主要来源就是该部分增值收益。实践中，该部分增值收益多在政策文件中表述为用于乡村基础设施或公共服务设施投入，但具体如何投入并无细则，这让贡献建设用地指标的集体及农民普遍缺乏改革后的获得感与幸福感。建议在制度设计中，不仅要保障集体及农民对建设用地指标产出、交易全过程的知情权，特别是增加对增值收益部分使用的公示环节；同时，还应在制度设计中参照集体经营性建设用地入市的相关规定，将属于国家部分的增值收益调节金及税费、属于集体部分的增值收益以及可供农民分配的现金收益部分予以列明，减少因收益分配制度模糊导致的对建设用地指标权利人的侵害。

因此，建设用地指标涉及的建设用地整理还是需要通过规模化的运作方能体现建设用地指标的聚集效应从而真正体现发展权的价值。农民在建设用地指标的交易中虽然不是合同签约双方，但却是最终的权利义务主体，为避免其利益遭受其他主体的侵害，在制度设计方面应注意以下问题：一是程序方面应做到公开、公平和公正。无论是建设用地整理项目的立项、实施还是验收，都要有民主参与的过程。在建设用地指标合同谈判时，必须有全体村民选出的村民代表参加，而不能仅仅是个别村干部越俎代庖。二是农民享有对收益反馈的知情权。根据成都市目前的建设用地整理情况，除被拆迁农民的安置房修建成本、青苗补偿等，其余收益部分投入了当地基础设施建设，还有剩余的部分如何分配，关系到每家每户的切身利益，农民当然享有对收益反馈方案的知情权。

短期收益是农民近期可预期的收入，长期收入则包含城市化、经济增长带来的红利。长期来看，政府应从集体建设用地指标进行农地转用后的土地出让收益中足额提取支农资金，用于土地复垦，退出土地的农民的社会保障、维持其原有生活水平的补贴以及农村基础设施建设等，确保农民能够分享土地增值收益，而不限于指标收益。因此，指标交易制度应对指标交易范围和速度进行规划和控制，提升指标生产的可持续性和农民生产生活条件的稳定性与可改善性[1]。

第五节　建设用地指标跨区域交易与农村集体经营性建设用地入市交易之多方主体收益比较

新修正的《中华人民共和国土地管理法》及其实施条例施行后，农村集体经营性建设用地入市制度在法律层面上已初步确立。但如何构建兼顾

---

[1]　龙开胜. 集体建设用地指标交易能否增加农民收入：一个整体性框架及初步经验证据[J]. 南京农业大学学报（社会科学版），2015（5）：87-94，140.

国家、集体、个人的土地增值收益分配机制，因涉及对原有复杂利益格局的重构与平衡，被认为是决定改革彻底与否的"最后一公里"。利益分配问题极其复杂，处理不好，可能有突破底线的风险。中央总的要求就是稳慎推进，绝不能犯颠覆性的错误。为此，中央于2022年启动了新一轮农村集体经营性建设用地入市试点。近年来，四川省郫都区、大邑县作为全国农村集体经营性建设用地入市试点区，以系统集成方式推进改革向纵深发展，在规划调控、入市交易以及收益分配等方面创造了一系列可复制、可推广的经验。本书通过分析农村集体经营性建设用地入市中土地增值收益在国家、集体、农民、社会资本间分配的制度安排及基层实践，为建设用地指标跨区域交易中的不同主体收益分配提供参考路径。

一、国家收益

（一）建设用地指标跨区域交易中的国家收益

在农村土地市场中，地方政府作为主体主要出现在土地征收中。事实上，政府的影子几乎无所不在。政府绝非仅是一个普通的"购地者"，而是具有行政权力、可以发出行政命令的特殊"购地者"。在现实中，地方政府作为国家的代理人，行使实际的收益权与管理权。如何界定政府在指标交易市场构建中的统筹地位，是规范建设用地指标交易制度、保障集体和农民利益的关键。

在我国现有的宪法秩序与法律框架下，我国建设用地指标是派生于所有权的农地使用权中的一个独立权能，是公权力对农民私权利的一种权利让渡。同时它也是有限度的，即必须服从于国家基于公共利益的规划①。建设用地指标的市场化交易从形式上讲是交易主体双方的一种契约行为，受《中华人民共和国民法典》调整，根据契约自由原则，不应受到其他主体的干预；但建设用地指标作为公权与私权结合的一类权利，其交易关系到耕地保护责任落实以及地方经济社会发展等方方面面，仅依靠交易主体双方的自发调节，显然无法兼顾各方利益。地方政府虽然不是交易主体双方之一，但在建设用地指标的市场化交易中不可回避地应尽到以下责任：一是制定具有可操作性的建设用地指标交易政策，兼顾国家、集体、个人

---

① 陈燕芽，冯义强. 我国农村土地发展权的性质与归属新思考：以城镇化中的农民土地权益保障为视角 [J]. 宁夏社会科学，2015（6）：49-54.

三方利益，引导市场各方规范有序交易。除应考虑政府可通过税收调节回收一部分基础设施配套投入成本外，还应充分考虑集体、农民的利益，思考如何才能引导和鼓励更多社会资本关注这一新兴领域。二是切实担负起耕地保护的重任。建设用地指标的交易主体作为市场主体，更多关注的是如何实现利益最大化，而政府在交易中应该关注的不仅是交易本身的公平性，更应担负起耕地保护的重任。前已述及，政府可通过地役权的运用，让交易双方在债权关系外建立一种长期的物权关系，将供役地的用途严格限制在农业用途范围内，避免一味追求交易而忽视了耕地保护。三是研究建设用地指标市场化交易的相关配套政策，如社会保障政策、金融支持政策、税收配套政策等，确保建设用地指标的顺利交易。四是搭建市场交易平台，完善市场交易规则。"政府搭台，群众唱戏"，鉴于建设用地指标私权与公权兼备的属性，就更需要政府来搭建一种公开、公平、公正的平台；加之建设用地指标属于虚拟权交易，带有一定计划经济的色彩，如果没有政府来引导交易，可能会让市场陷入一种无序与混乱状态。虽然前文述及了政府在建设用地指标交易中的重要作用，但这并不代表政府能够对交易双方的行为进行过度的干预。政府不得将其意志强加于交易双方，不得对交易附加额外的条件，否则将对建设用地指标交易双方的权利造成侵害，而建设用地指标交易的受损最终也会对政府本身造成不利影响。建设用地指标市场是特殊交易市场，关系到国家的耕地保护、控制城镇化规模，其监管离不开政府的强制力，但是自律监管也为其发展注入了活力，政府监管与自律监管具有各自的优势，唯有二者相互配合、均衡互动，才能管理好建设用地指标交易市场①。政府在建设用地指标市场配置过程中的重点工作在于审查指标交易价格，对指标交易价格进行规制，具体体现为当指标交易价格过高并超过指标评估价值时，政府有权限制和禁止指标交易，限制指标进入土地交易市场，有效调节指标供需结构，实现指标交易市场均衡发展，宏观调控指标供给侧，实现指标供给侧与需求侧平衡，提高指标配置的效率，实现基本公共服务供给的有效性②。

---

① 汪莉，王珺. 建设用地指标交易监管机制的完善 [J]. 安徽工业大学学报（社会科学版），2017（2）：43-46.

② 李新仓，阎其华. 建设用地指标市场配置法律制度正当性研究 [J]. 西南民族大学学报（人文社会科学版），2018（2）：104-110.

（二）农村集体经营性建设用地入市中的国家收益

目前较为一致的认识是，与国有建设用地出让收益全部归国家不同，集体经营性建设用地出让收益除大部分应归集体外，也应有一部分归国家，其理论依据主要来源于"涨价归公"的主流认识。如何体现这部分国家收益，郫都区于 2016 年 1 月制定《郫都区农村集体经营性建设用地入市增值收益调节金征收管理办法》，大邑县于 2024 年 8 月制定《大邑县农村集体经营性建设用地入市增值收益调节金征收管理办法》，上述政策均对调节金的缴纳责任主体、征收基数、征收比例以及使用管理等作出了详细规定。2016 年 4 月，财政部、国土资源部制定出台了《农村集体经营性建设用地土地增值收益调节金征收使用管理暂行办法》，2023 年 10 月，上述两部门出台了《延续实施农村集体经营性建设用地土地增值收益调节金政策的通知》，以顶层制度设计方式明确了调节金的征收框架。

尽管调节金征收依据已较为充分，但从实践运行情况看，仍然存在以下问题亟待明确：

一是关于调节金的性质及定位。在《农村集体经营性建设用地土地增值收益调节金征收使用管理暂行办法》（财税〔2016〕41 号）中，多次使用"征收""缴纳"的表述方式，在"法律责任"一章中，将违法行为的处罚依据归为《违反行政事业性收费和罚没收入收支两条线管理规定行政处分暂行规定》（国务院令第 281 号）。从以上表述不难看出，将调节金性质定义为"行政事业性收费"更为准确。而在《农村集体经营性建设用地土地增值收益调节金征收使用管理暂行办法》（财税〔2016〕41 号）第十五条中，却出现了省、市政府暂不参与调节金"收益分成"的表述。事实上，政府收取行政事业性收费与参与土地收益分成，虽为同一行为事项，但二者的含义有明显区别，前者具有明确的强制性，而后者则带有平等主体间共同分利的含义。调研中发现，部分集体经济组织或农民因缺乏对调节金功能的正确理解，认为国家参与分配的比例过高，有"与民争利"之说，但若将调节金明确定义为具有强制性的行政事业性收费，则相对更易于被集体或农民所接受。

二是关于"大体平衡"。《农村集体经营性建设用地土地增值收益调节金征收使用管理暂行办法》（财税〔2016〕41 号）第六条规定："土地征收转用与农村集体经营性建设用地入市取得的土地增值收益在国家和集体之间分享比例大体平衡。"从对郫都区、大邑县的调研情况看，土地入市用途以 40 年商业服务为主，在与国有商服用地比较的前提下，政府目前收取土地增值收益调节金，尚难以满足二者"大体平衡"的要求。究其原因，当前集体建设用地在区位安排（仅限于有条件建设区）、土地用途（不能用于商品住宅开发）以及公共基础设施配套等方面，与国有建设用地存在明显差距，从而导致其价值也相对较低，而价值较低的集体建设用地入市后，无法给政府带来足够弥补征收转用国有建设用地的土地增值收益。因此，即使入市改革能够增加集体、农民的获得感，但地方政府的"获得感"却在减少，推动入市的动力机制尚未成熟。

三是关于征收方式。《农村集体经营性建设用地土地增值收益调节金征收使用管理暂行办法》（财税〔2016〕41 号）要求将土地实际增值收益（即入市总收入减去土地取得成本和开发支出）作为征收基础，以按成交价征收作为例外。实践中，由于大部分集体经营性建设用地的取得成本和开发支出计算难度较大或缺乏可参照实例，郫都区及大邑县在操作中均统一按成交价征收。此简易征收方法尽管降低了征收难度，满足了现阶段操作便捷性的需求，但由于对土地增值收益的模糊处理，反而成为部分集体经济组织及农民质疑调节金征收金额及比例的重要原因。

四是关于调节金用途。《农村集体经营性建设用地土地增值收益调节金征收使用管理暂行办法》（财税〔2016〕41 号）将其"纳入地方一般公共预算管理"，而郫都区及大邑县按照"取之于民、用之于民"的思路，将其明确为"统筹安排用于基础设施和公益设施建设，原则上优先安排用于农村集体经营性建设用地出让方所在镇（街道）的基础设施和公益设施建设"。但《农村集体经营性建设用地土地增值收益调节金征收使用管理暂行办法》（财税〔2016〕41 号）对于调节金的拨付条件、拨付比例及监督使用等却未有详细规定，给实践操作带来了困难。从调研情况看，集体经济组织以及社会资本对该收益的返还期待较高，希望政府能够尽快出台细则，从而进一步降低其前期已投入的开发成本。

地方政府征收土地增值收益调节金，是否属于参与集体经营性建设用地收益分配，理论界与实务界众说纷纭、莫衷一是。从现行政策规定看，调节金的征收，尽管客观上发挥了调整利益结构的作用，但从本质上看并非国家与集体经济组织、农民进行的利益平等切割，而应属于国家强制征收行为，其主要目的是农村基础设施或公共配套投入的预留保障。因此，调节金应属行政事业性收费，政策文件中有关收益分配的表述，体现在集体经济组织、农民间更为适宜。

集体经营性建设用地入市后，不仅会给集体经济组织及农民带来可观收益，从长远看，也会对实现农民脱贫增收、增加就业岗位、推动乡村产业发展、增加地方税源、促进农村社会和谐稳定等起到重要作用。尽管目前征收的土地增值收益调节金难以从数量上满足"大体平衡"的要求，但其所带来诸多潜在效益是难以估量的，故建议去掉"大体平衡"的硬性约束，待到土地征收制度改革与入市改革真正协同后，"大体平衡"方能水到渠成。

为客观反映土地实际增值收益，同时兼顾调节金征收的便捷性，建议对存量入市的集体经营性建设用地原则上采取按实际增值收益征收调节金的方法；对调整入市或城中村整治入市的，原则上也应采取按实际增值收益征收调节金的方法；确有测算困难的，可采取按成交总价征收的方法。具体征收比例，建议各地主动公示调节金征收比例确定的方法与依据，让征收对象及社会公众真正做到"心中有数"。

二、集体收益

（一）建设用地指标跨区域交易中的集体收益

土地供给的主体一般向土地市场提供的交易客体是土地使用权，具体交易形式包括经营、抵押、租赁、作价入股、互换等多种形式。在农村土地集体所有制下，农村集体经济组织作为土地所有者成为土地市场中的供给方。而在各地的农村土地市场中，以集体经济组织名义违法用地的现象曾经较为严重。有的村委会干部为谋求自身利益，未经村民全体或村民代表同意，将集体土地转让或出租给他人。更有甚者，单方面解除合同，私自将已承包给村民的土地再发包给其他人。有的集体经济组织通过扩大责任田、削减口粮田增加集体经济组织的收入。有些集体经济组织村干部将土地违法转让出租，并将违法所得装进了自己的腰包[1]。近年来，随着纪检、司法等部门的强力介入，违法用地现象有所减少，但仍偶有出现。上

---

① 李长健，徐丽峰. 村民委员会在土地流转中的职责研究［J］. 延边大学学报（社会科学版），2009（4）：112-118.

述情形，大都是集体经济组织的主体地位虚置、被某些村干部利用的。集体经济组织作为农村土地所有权的主体，当然应在建设用地指标交易中作为一方主体，虽然从形式上看并无问题，但集体经济组织主体地位虚置的问题却长期存在。如何才能解决主体地位虚置问题，成都市也进行了一些探索，比如成立农村专业合作社，以股份制的方式来谋求创新，既保留集体的主体地位，同时也让集体经济组织的决议能够通过股权表决的形式实现，从而避免集体经济组织被乡镇、村组个别干部利用的现象，让农民的权利行使能够有效行使。

（二）农村集体经营性建设用地入市中的集体收益

按照农村集体经营性建设用地入市政策制度设计，土地所有权入市所获收益在扣除前期成本及应缴纳国家的部分后，剩余部分归集体所有，体现了土地所有权人在处分其权利后应获得的收益权。上述制度设计在存量集体经营性建设用地入市案例中能够较好得以应用，因前期土地成本及增值收益调节金相对较易测算，故集体收益部分能够较为清晰地体现。

在现状为宅基地或农用地的入市案例中，入市前需要经过土地综合整治项目或"增减挂钩"项目的实施，方能"生产"出可供入市的土地。项目实施需要大量资金的先期投入，少部分集体经济组织可通过自筹资金实现土地整治后入市，而其他大部分却只能通过向社会资本融资方式取得项目实施资金。调研中发现，多数的土地整理项目实施完毕后，公开市场挂牌成交的入市收益往往与前期社会资本的项目投入持平，集体经济组织通过入市获取的现金收益全部用于归还前期向社会资本借贷的项目资金（也即土地取得成本和开发支出），集体经济组织看似未能从入市中获得现金收益，集体资产也未能增加。事实上，集体经济组织通过入市收益的借贷预支，将收益以期权方式提前变现为了项目实施后农民居住条件的改善、当地公共服务及公共设施的完善、乡村创业投资环境的提升等其他内容，上述内容难以完全以现金方式体现，但项目实施后土地实现增值却是不争的事实。另外，从土地增值收益调节金征收角度看，集体经济组织及社会资本均认可前期土地取得成本和开发支出已覆盖后期入市收益，在土地现金增值收益形式为零的情形下，对是否应征收调节金，目前尚未见政策对其进行明确。

从全国集体土地资源现状看，存量集体经营性建设用地存在总量偏少、零星分布、区位较差的普遍特征，土地可利用价值相对较低。为获取更好区位、更成规模的开发地块，在集体经济总体偏弱的现实下，引入社会资本开展土地整理，就成为各地提升集体经营性建设用地价值的重要途径。在社会资本参与的前提下，对如何显现集体经济组织在土地入市中获取的收益，建议采取如下方式：一方面，充分发挥政府的政策指引作用，明确要求社会资本预留发展用地、经营性用房等非现金收益，确保入市后集体经济能够持续稳定发展。另一方面，加强对土地整理项目实施过程中的审计监督。通过引入第三方审计机构，对社会资本投资建设项目进行审计，杜绝整理成本与入市价格直接挂钩，通过挤压项目工程造价"水分"与土地交易充分市场化相结合，确保土地增值收益能得以充分体现。同时，为避免因审计时间过长影响整治项目的土地验收工作，建议审计工作可适度提前介入，做好事前、事中及事后的监督。

三、农民收益

（一）建设用地指标跨区域交易中的农民收益

总体来讲，在农村土地市场的主体中，农民不仅是集体土地使用权的供给者，同时也是需求者，但其在市场中常处于弱势地位，很难主动去争取法律赋予的公平、公正的利益。同时，农民自己的行为也可能存在不规范的情况，如因外出打工而造成土地撂荒，不按承包合同约定擅自将土地农转用，或者采取掠夺式经营，造成土地肥力下降。此外，有些农民的法律意识淡薄，对于土地权属的变更存在从众心理，常常不签订书面合同，导致纠纷屡有发生。

在社会主义土地公有制下，农民享有的土地权利只有使用权。虽然农民没有所有权，但土地的实际受益者无疑应是农民，集体经济组织只是作为一个农民全体的代表对外行使权利。在建设用地指标的市场化交易中，由于土地整理项目一般仅允许以村为单位实施，农民个人因所占宅基地面积有限，整理出来的指标不能形成规模效应，无法拿到建设用地市场进行交易。但针对单户建设用地指标的交易，有学者建议农民可以此虚化指标到外地去换取当地社保①。此种设想实际上缺乏操作性，首先，农民单户

---

① 陆铭. 建设用地指标可交易：城乡和区域统筹发展的突破口 [J]. 国际经济评论，2010（2）：137-148，6.

整理自己宅基地并复垦的成本较高，远远超出了其市场上的可得收益；其次，农民打工的城市一般离家较远，他们大部分是跨省（区、市）流动，而土地指标的跨省（区、市）流动将直接影响各地的耕地保护责任与发展供地，其操作性需要存疑。

（二）农村集体经营性建设用地入市中的农民收益

针对增值收益在集体内部的分配，郫都区农林局发布了《郫县农村集体经营性建设用地入市收益分配指导意见》，规定在集体与农民收益分配上，以"二八开"作为内部分配的指导比例，即提取大部分作为本集体经济组织的发展资金，用于发展壮大集体经济，提取小部分用于本集体经济组织生产生活设施改造、新村建设与管理，以上两部分不得低于80%。剩余部分可用于集体经济组织成员或项目参与成员的分红。大邑县农业农村局制定了《大邑县农村集体经济组织经营性建设用地入市收益分配指导意见》，进一步提出了"四六开"的内部分配比例，建议农民可分配现金收益最高可至60%。

从避免农民分光吃光、保障长远生计的角度，无论是"二八开"还是"四六开"的原则均起到了一定保护作用。但《郫县农村集体经营性建设用地入市规定》的相关规定则更具强制性，它明确提出"土地增值收益中，提留的集体公积金、公益金、风险金的比例不得低于80%"。《郫县农村集体经营性建设用地入市收益分配指导意见》以政策引导方式表述，但《郫县农村集体经营性建设用地入市规定》却以政策强制方式表述，二者存在一定冲突。尽管实践操作中突出了"二八开"的指导性，但上述政策文件的明显冲突也需在政策修订中及时完善。

"二八开"或"四六开"的制度设计，体现了重点满足集体经济发展、兼顾农民个人利益的指导思想，通过收益现金分配，一定程度上增加了农民的归属感与获得感。此种做法现实中虽并无不妥之处，但入市收益如何分配，当属村民自治范畴，故建议删除相关文件中"不得低于80%"的表述，从而避免与指导意见的指引作用相冲突。

随着全国集体资产股份化改革深入推进，股份不仅能够体现成员的身份权，还能体现成员的财产权，以股份方式将成员与集体紧密捆绑在一起，符合现行农村集体产权制度改革的总体方向。以同为试点的德清县为例，该县《农村集体经营性建设用地入市收益分配管理规定（试行）》（德政办发〔2015〕136号）要求，"集体经营性建设用地以出让方式入市的，其入市收益作为集体积累，统一列入集体公积公益金进行管理。该收益作为村股份经济合作社（或村经济合作社）经营性资产，以股权增值方式追加量化成员股权"。该规定从侧面反映了东部地区壮大集体经济的方式与决心。因此，建议在具体政策中，进一步鼓励与引导集体经济组织将入市收益以股权量化方式进行收益分配，这既确保了入市收益留在集体内部，同时也让其成员能够更多、更好地分享集体资产的长期增值收益。

四、社会资本收益

（一）建设用地指标跨区域交易中的社会资本收益

从社会投资人与集体经济组织签订的协议看，投资人的投入主要是现金，主要负责拆迁安置房的修建和相关基础配套设施的投入，而其收益主要表现为整理出来的建设用地指标或建设用地指标在当地落地后通过集体建设用地流转而取得的集体建设用地使用权。社会投资人的逐利性无可否认，但其在参与土地整治过程中也可能存在以下问题：①对项目前期的投资分析不够。从成都市全市的投资项目情况看，并不是所有投资项目都能取得较为理想的回报，有的项目甚至存在血本无归的情形。导致上述情形出现的原因包括整理规模过大造成入不敷出，农民在项目实施过程中反悔，投资人资金链断裂造成项目无法继续实施完成等。因此，对项目情况的深入调研与分析就显得尤其重要，可以在前期避免盲目投资导致的投资人利益受损。②取得建设用地指标或集体建设用地使用权后，却没法找到好的项目"落地"，导致指标闲置。社会投资人可能是建设用地指标的初次受让人，但价值的发挥还有赖于多方面因素的综合作用，在对项目没有充分预估的情况下，很难取得良好回报。为吸引更多社会资金投入农村土地综合整治项目，地方政府通过出台文件的方式鼓励各类投资主体投资，针对各类资金投入农村土地综合整治项目在建筑形态、投入资金量、实施周期等方面的实际情况，制定了差别化的投资回报比例，社会投资人与集体经济组织应详细约定指标归属、指标成本、建设周期、投资成本返还周期及方式、投资回报比例等主要事项①。

---

① 笔者参考了《成都市温江区人民政府关于引进各类投资者投资农村土地综合整治和农房建设工作的实施意见》（温府土发〔2011〕9号）文件的相关内容。

从成都市温江区规定的投资回报方式看，投资回报有政府收购节余集体建设用地指标和投资者就地使用集体建设用地两种方式。一是政府收购节余建设用地指标的方式。农村土地综合整治项目通过验收，扣除农民集中居住区用地、预留农民集体发展用地以及就地留存集体建设用地后节余的集体建设用地指标，由政府的土地储备机构进行回购，并向投资者支付投资成本和投资回报。投资者的投资回报可以选择定额回报和浮动回报两种方式。二是投资者就地使用集体建设用地的方式。农村土地综合整治项目经验收后，节余的建设用地指标由投资者在该项目区内就地安排使用的，在符合土地利用总体规划、城乡总体规划以及产业发展规划，并保留集体建设用地性质的前提下，由村农民集体依据与投资人的合作协议以及集体建设用地流转协议将集体建设用地依法流转给投资者，不再向投资者支付投资成本和回报。流转后的集体建设用地可以用于工业、商业、旅游业、服务业、农村集体经济组织租赁性经营房屋、现代农业总部经济项目，但严格禁止进行商品住宅类房地产开发建设。

（二）农村集体经营性建设用地入市中的社会资本收益

鼓励与引导社会资本投向农村是中央一贯倡导的方向，而规范与防范工商资本对农村可能的侵害也是须采取的必要措施。对非存量的集体经营性建设用地，在入市前需要经历较为漫长的土地整理过程及投入大量资金。目前，较为通行的做法是，在土地整理前，由村一级集体经济组织与社会资本就土地整理成本费用进行估算。对社会投资人而言，其现金投入一般应包括旧房拆除和地上附着物补偿、安置小区建设、村民过渡、土地复垦、项目立项、安置房规划设计、项目综合验收的相关费用以及期间的资金利息等。根据概算的投资总额，结合可用于上市的待整理集体经营性建设用地面积，得出入市土地的协议成交价。

社会资本参与土地整理项目的优势在于通过"资源置换资金"的方式，实现当地居住条件及环境的改善，通过引入农村产业化项目，解决当地产业发展及就业问题，实现多方共赢。但由于改革尚处于探索期，其间有诸多细节值得关注：一是社会资本在投资前与村集体确定的土地整理成本价格能否反映未来土地入市的市场真实价格。二是社会资本投资模式大多属于一二级土地联动开发模式，由于前期村集体与社会资本的"深度捆绑"，能否确保土地出让的公开、公平、公正。三是部分地区的土地整理投资协议，还约定当整理出的集体建设用地被其他主体以高于土地整理成本价摘牌的，原投资土地整理的社会投资人可与集体经济组织进行溢价分成。该约定是否合法或者合理。

从国有建设用地出让管理的相关规定看，商业用地协议出让、一二级土地联动开发以及溢价分成等均属于政策禁区。集体经营性建设用地是否也应参照上述规定，目前尚无文件进行明确。成都市自2008年启动农村产权制度改革以来，通过确权颁证与产权流转，农民对土地的权利意识逐渐提高，在市场谈判中能够形成较好的谈判能力。该模式复制到其他区域后，是否会出现社会资本以其利益最大化为原则，通过协议出让、联动开发以及溢价分成等方式，最终侵害集体、农民利益，有待观察与预防。

从农村实践看，社会资本投入农村的不仅是资本，还有先进的技术、管理经验、商业模式等，尽管其追求的主要目的是商业利润，但唯有在兼顾国家、集体、农民利益的同时，一并保障社会资本的合法权益及权利，才能够真正促进"资本下乡"，为一、二、三产业融合发展带来更多活力。

针对大多数存量集体建设用地区位价值相对偏低、对产业发展贡献有限的现状，通过零星整理而在县域范围内流动的集体经营性建设用地更具开发利用价值。由于零星整理成本较高，鼓励和引导社会资本投向农村，设置合理的投入与退出机制，给予其平等地位与产权保护，让其能够合理分享到土地增值收益的红利，既符合中央关于产权保护的相关精神，也符合各方利益最大化的目标。因此，建议参照成都市引入社会资本参与农村土地综合整治的相关做法，明确出台规范与鼓励社会资本参与的相关政策，一方面，从程序及要件上进一步规范集体经营性建设用地（商服用地）变相协议出让、一二级土地联动开发、溢价分成等可能导致集体、农民利益受损的行为；另一方面，为社会资本的合理退出开辟通道，具体包括制定商服用地及地上建筑物产权分割的实施细则、探索房屋联建的条件程序等，从而确保集体经营性建设用地价值的最大释放，真正让国家、集体、农民以及愿意在农村创新创业的社会资本能够更多、更好地分享土地增值收益。

五、市场中介机构

市场中的中介机构是市场交易双方的桥梁和媒介，为交易双方提供交易信息。一般来讲，它是具有企业法人资格的机构或个人。由于土地市场的复杂性、不完善性、信息不对称性及专业性，大量土地交易往往是通过市场中介机构来完成的。在我国尚未完全成熟的农村土地市场中，中介机构还处于起步摸索阶段，与城市市场的中介机构相比，无论是其组织性还是规范性都有不小差距。

在农村地区，农民因长期习惯于分散居住，与市场存在显著的空间隔阂，加之对市场机制的不熟悉，他们难以直接从市场中获取全面且可靠的信息。农民在寻求真实、详尽的市场价格信息时，往往需要承担较高的交易成本。此外，农民的经济行为展现出趋同性和依赖性特征，他们大多依赖于过去年份土地市场的价格与供求状况以及相邻农民的行为等过时信息来指导自身的土地交易决策。然而，鉴于农业生产的周期性较长，农民难以在短时间内根据市场价格波动灵活调整其市场行为。一旦决策出现偏差，农民可能会在下一个土地生产周期内继续沿用相同的土地交易策略，这种行为的惯性可能加剧市场失灵，并扩大市场的不稳定均衡状态①。因此，中介机构在农民经济活动中扮演着至关重要的角色。遗憾的是，目前我国农村土地市场中，中介机构的数量严重不足，这使得农民在获取信息时面临诸多困难且成本高昂，进而阻碍了土地资源的市场化优化配置。为此，建立高效的信息中介与发布组织以及专业的农村土地价格评估机构，已成为当务之急。

随着建设用地指标市场化交易的不断完善与成熟，众多的中介机构也开始逐步发挥各自的作用：有一类是居间主持交易的平台机构，如重庆农村土地产权交易所、成都农村产权交易所等，这类主体一般由政府出资组建，虽然性质为公司企业，但因有政府背景，其市场化程度并不是体现得特别充分。由于建设用地指标或者集体建设用地均以文件形式明文强制入场交易，这类交易也成了此类交易机构的立身之本。交易机构在交易中发挥的主要作用是制定交易规则与程序，通过组织竞价的方式，确保交易双方在公开、公平、公正的平台成功交易并由此收取佣金。另一类是促成建设用地指标产生的机构，即建设用地整理项目实施中的众多中介机构，包括项目可行性研究机构、项目预算编制及规划设计机构、土地地籍现状调

---

① 方鹏. 中国农村土地市场发育的理论分析 [J]. 淮阴师范学院学报（哲学社会科学版），2001（3）：308-312.

查机构、项目担保融资机构以及土地评估机构等。该类机构相比于前一种机构市场化程度更高，通过标准化的服务来收取委托单位的劳动报酬。

中介机构在建设用地指标交易中虽然对交易结果并不起决定性作用，但对促成交易、发挥市场发现价格的功能等起到了很好的作用。无可否认的是，中介机构的加入也从某种程度上增加了交易双方的成本，但在市场培育初期，为更好地规范市场，在交易环节中中介机构的介入也是必不可少的；只是由于建设用地指标作为一种虚拟权利的存在，其交易的特殊性对市场中介机构提出了更高的要求。

第六节　建设用地指标跨区域交易相关配套制度

目前，我国建设用地指标市场化交易还仅限于在全国城乡融合发展试验区和部分经济较为发达的区域试点。通过试点经验的总结并最终上升到法律法规的层次，可以切实有效地保障建设用地指标交易的合法性。要健全建设用地指标市场化交易法律法规体系，就要进一步界定、明确和规范建设用地指标交易行为，明确交易后的利益分配与归属[1]。在推行建设用地指标交易时，立法机构及政府有关职能部门还需进一步明确职责，强化对建设用地指标交易的监督监管，不断规范交易行为；针对交易的实际情况，制定建设用地指标交易的相关配套法规，包括建设用地指标或建设用地指标交易市场管理办法、建设用地指标市场评估规程等，切实维护建设用地指标转出地农民的合法权益。

一、金融支持配套制度

土地是社会生产与生活的基本物质要素，商品经济的发展要求各生产要素都能顺畅地循环、流通并按市场经济规律进行配置。土地作为生产的基本要素也要投入社会生产、流通的经济循环中，所以信用一旦产生，就出现了土地金融活动[2]。目前，农村土地金融政策主要支持的范围包括：农用地的购买与租赁，农用地开垦、灌溉、平整、排水或土壤改良，购买

---

[1]　李乃娣. 农村土地流转的立法研究 [J]. 中小企业管理与科技，2010（6）：200.

[2]　毕宝德. 土地经济学 [M]. 北京：中国人民大学出版社，2011：469.

牲畜、机械、农具、肥料以及凭借土地使用权取得从事其他事业所需资金。农村金融的主要特点有：在贷款契约到期之前，债权者不得任意要求债务偿还，而债务者可以在契约到期前随时偿还；债务占抵押物价值不能过大，应以土地收益剩余能够偿还为限，且偿还期限越长越好；利率低而不变①。

建设用地指标依附于土地而存在，处于市场经济的大环境中，它对金融支持政策的需求主要表现在建设用地指标的产生环节。从笔者了解的情况看，成都市立项的农村土地综合整治项目大部分都是上亿元甚至数十亿元的大项目，对资金的需求量相当大，仅靠集体经济组织和农民甚至是社会投资人的"热钱"都无法支撑起整个项目的运转，盈利就更无从谈起。但建设用地指标的价值是能够通过市场显化的，因此在整理资金缺口大的情况下，金融支持政策就显得异常重要。另外，当建设用地指标转出后，转出方的耕地面积将会大量增加，增加的土地也会逐步流向农村种植大户或者专业化的农村专业合作组织，农业生产也会向产业化和规模化的经营模式转变。这时，农民、专合组织或者农业投资企业的资金需求主要是购买大型农业生产用具及机械、农田水利灌溉设施、大棚等专业化生产资料等，与传统小农生产的资金需求不同。这就又对农村土地金融提出了新的要求。

同时，关于整理出来的建设用地指标未"落地"之前能否运用金融相关政策使之具有一定的融资价值，值得探讨。从目前各地的规定看，建设用地指标不能质押融资，权利人在将指标"落地"前无法将其用于其他用途。毕竟指标"落地"还需要办理用地手续、征地手续、地块选择等大量前期工作，这么长的时间如指标无法使用将白白闲置。如金融部门能出台政策为建设用地指标提供贷款，那将让权利人财产的价值得到释放。建设用地指标如放在政府平台上进行交易，有政府公布的最低保护价格保护，即使质押失败，还可以由政府来托底。应该说该种方式的风险系数是较低的。

鉴于农村土地市场尤其是建设用地指标的产出与交易市场对金融政策的巨大需求，为确保农村土地综合整治项目及建设用地指标的市场化交易能够顺利进行，笔者建议：一是继续扩大支持农村的金融机构的范围。目

---

① 李静，冯勇. 农村土地流转金融支持的制度创新 [J]. 福建商学院学报，2010（3）：18-21.

前，主要有中国农业银行、中国农业发展银行以及农村信用社作为农地资金及其他金融服务的提供者，其主要任务和目标是按照国家的法律法规和方针、政策筹集农村信贷资金，支持农业基础设施建设，支持高效农业发展，为农业和农村经济发展服务。但上述三个机构仍然不能满足新农村建设的巨大资金需求，因此，建议进一步扩大金融机构参与农村土地融资的渠道。目前，国家开发银行已通过直接在县市试点设立村镇银行的方式支持农村建设，而中国建设银行、中国工商银行以及中国银行介入农村土地金融还不够深入，下一步有望继续在农村金融方面争取突破。二是创新金融产品。各类金融机构可以通过提供多元化的金融业务来满足客户多样化的金融需求。除了常见的抵押贷款，还可以尝试开发债券、基金、信托等融资手段和工具，既提供了建设用地指标交易所需的资金，也方便了投资者投资农村土地综合整治并获利。

二、税收征管配套制度

土地税收是国家以土地为征税对象，凭借其政治权力，运用法律手段，从土地所有者或土地使用者手中无偿、强制、固定地取得部分土地收益的一种税收①。从本质上讲，土地税是财产税、收益税或所得税。所谓财产税，是指公民所有的财产价值达到某一数额以上，政府就要依法征收其中的一部分作为公用，无论所有权人是否从这些财产中获得收益。即使是荒芜而未利用的农地，只要法律有规定，都要缴纳土地税。因此，土地税收具有实施土地政策、抑制地价上涨、促进土地利用、调节土地收益分配、筹集公共设施建设资金等多重功能。

建设用地指标交易从实质上看属于市场交易行为，但由于交易标的建设用地指标属虚拟财产权，依附于土地而生，它主要来自政府的土地利用总体规划及土地用途管制。交易标的的特殊性对现行相关税收配套政策提出了挑战。建设用地指标交易涉及两类主体：一类是购买发展权的用地主体，如政府、开发企业、建设业主等；另一类是转让发展权的主体如集体经济组织。市场主体间涉及土地的相关交易，无论是初次转让，还是再次转让，一般应缴纳相关城镇土地使用税、土地增值税、契税、耕地占用

---

① 毕宝德. 土地经济学 [M]. 北京：中国人民大学出版社，2011：469.

税、营业税、城市维护建设税、印花税①等，虽然建设用地指标交易的并非实体土地，但其毕竟与土地紧密相连，因此，笔者认为建设用地指标转让方至少应缴纳营业税、城市维护建设税，而发展权的受让方则应缴纳城镇土地使用税、契税、耕地占用税以及印花税等②。目前，因建设用地指标交易在各地尚属改革试验范围，其交易过程中的征税制度并不健全。以成都为例：拍得土地的开发企业除缴纳土地款项外，还应缴纳建设用地指标价款。该建设用地指标价款最终进入了成都市农村土地综合整治基金的账户，开发企业因核税和财务做账要求，需要在缴纳指标价款后取得正式发票。而负责挂牌转让指标的成都农村产权交易所因系中介机构，无法出具正式发票，成都市农村土地综合整治基金的账户因是政府成立的专款专用账户，基金主体成都市农村土地综合整治办公室也同样无法开具正式发票。这就造成了开发企业缴纳的指标价款无法在会计账簿中体现，开发企业也无法像土地拍卖价款一样缴纳相关税赋，导致了国家税收的流失。因此，笔者建议建设用地指标交易按照土地交易的相关税收规定执行，建设用地指标转让方与受让方均应依法纳税，但当政府作为建设用地指标的转让方或受让方时，涉及相关税种可予免征。

三、社会保障配套制度

农村社会保障制度，是指对因年老、疾病、失业、伤残、死亡及其他原因生存困难的农村集体经济组织成员，以国家颁布法律的形式，提供基本生存保障的社会救济制度。经过几十年的发展，农村社会保障的内容一般涵盖了以下三个方面：社会保障、社会福利以及社会救助等③。农村养

---

① 根据《中华人民共和国城镇土地使用税暂行条例》的规定，凡在城市、县城、建制镇、工矿区范围内的土地，不论是属于国家所有的，还是集体所有的，都是土地使用税的征税对象。土地增值税的征税对象是有偿转让我国境内国有土地使用权、地上建筑物及其他附着物产权的行为。契税是以所有权发生转移、变动的不动产为征税对象，向产权承受人征收的一种财产税。耕地占用税是国家对占用耕地建房或者从事其他非农业建设的单位和个人征收的一种税。营业税是转让土地使用权和销售不动产所应缴纳的税种。城市维护建设税是随消费税、增值税、营业税等附征的、专用于城市共用事业和公共设施的维护与建设的税种。印花税是对经济活动、经济交往中书立、领受凭证的行为征税的税种。

② 土地增值税的征税范围因只包括有偿转让国有土地使用权、地上建筑物及其他附着物产权的行为，故建设用地指标交易中不应涉及该税种。

③ 刘卫柏. 中国农村土地流转模式创新研究 [M]. 湖南：湖南人民出版社，2010：310.

老保障因涉及面最广，与老百姓的切身利益最为相关，是社会保障的核心问题。长期以来，由于农村社会保障制度的实效并不明显，我国农村老年人绝大多数没有养老金、退休金和公费医疗保障。在年老不能从事农业劳动后，他们中除了少数"五保户"能够由集体经济组织供养外，大多主要依靠在当地打临工、短工获得劳务报酬，以及获取流转土地的租金、集体收益分红等维持生活。农民养老主要靠自己的口粮田等。这也是"三农"问题解决的关键所在①。中国传统社会依赖家庭养老，西方则依靠社会养老。费孝通指出中国是"反哺模式"，既养小又养老；西方是"接力模式"，只养小不养老。我国农村老人因缺乏社会养老保障，依赖家人和土地，主要生活来源为家庭赡养和土地收益。

土地具有养老功能，是当前农村社会保障体系中最为核心且显著的一环，其重要性不言而喻。然而，随着新型城镇化进程的加速推进，尽管土地养老保障仍为农村地区提供了基础性的保障作用，但其效能却逐渐显现出减弱的态势。加之农村社会保障体系的不健全，农村养老问题已成为制约农村经济发展的瓶颈。建设用地指标的市场化交易从本质上讲也是发展权转出区域土地向规模化经营集中，耕地数量进一步增加，土地集约程度大幅提升的过程。为实现土地的规模化经营，大多个体农民已将自有承包地流转给种植大户或农业投资企业耕种，随着此种情况的逐步普遍化，在实践中出现了一些流转土地的农民的生产和生活难以保障的问题，尤其在大面积实施土地整理地区，矛盾日益尖锐化。上述情况的发生，必然要求政府积极思考发展权转出区域农民的社会保障问题。这是因为健全的社会保障体系才是真正消除发展权丧失主体后顾之忧的根本途径，尤其是在目前农用地生产效益普遍较低的前提下。对于发展权转让方来讲，将本地未来的建设用地流转出去不仅等于压缩了自己的未来发展空间，但是也意味着在未来很长一段时间内只能依靠耕种作为自己的生活保障，他们的担忧是可以想象的。加之农业本身的弱质性，在耕种过程中农民还可能面临自然灾害、农业市场变化等风险。因此，只有建立与完善农村医疗、养老、就业等社会保障制度，才能解决农民的后顾之忧②。

作为全国统筹城乡综合配套改革试验区的成都，创造性地提出了耕地

---

① 韩芳. 农村土地养老保障功能研究 [M]. 北京：知识产权出版社，2010：65.
② 曾庆学. 农村土地流转与农村社会保障法律制度构建 [J]. 中外企业家，2011（2）：29-30.

保护基金设想，下发了《成都市耕地保护基金使用管理办法》（成府发
〔2008〕8号），规定基金的使用范围包括耕地流转担保资金和农业保险补
贴、耕地保护责任农民的养老保险补贴以及未到户耕地保护责任的村组集
体经济组织的现金补贴。基金来源为市、县（市、区）两级政府通过每年
从国有建设用地拍卖的土地价款以及新增建设用地有偿使用费中提取一定
的比例，基本农田补贴标准为400元/亩·年，一般农田补贴标准为300元
/亩·年。但这笔钱并不是发到农民手中，而是将其存入农民的社保账户
里面，每年滚动，待农民达到一定年龄后，能够领取一定数额的养老金。
同时，考虑到每个农民的情况各不相同，对自愿提高社保缴纳比例的，政
府也制定了相应的优惠政策。该种保障政策的设计，有效解决了耕地农民
的基本保障问题，也让发展权转出区域的农民能够在保护耕地同时，获取
生存权的保障，抑制农民违法用地的冲动，从而反过来对耕地保护起到了
更好的促进作用。

综上所述，建议设立建设用地指标整理项目交易市场，建设用地指标
一、二级交易市场，吸引更广泛的社会投资人参与土地整理项目及整理出
指标的交易。交易规模的设置既要兼顾发展权转出区域的未来发展规划，
也要考虑到转入区域的耕地保护数量与质量，各地建设用地指标交易规模
须受挂钩指标规模及土地利用总体规划确定的该区域建设用地总规模限
制。建设用地指标的交易方式除转让外，建议增加质押及作价入股两种类
型。建设用地指标交易范围限定在省、自治区、直辖市范围内更妥，交易
期限可设定为两年。

为确保建设用地指标市场交易制度能够顺利推进，建议在金融配套制
度方面，继续扩大支持农村金融的机构的范围，继续创新金融产品，尝试
建立建设用地指标的债券、基金、信托等融资手段和工具。在法规配套制
度方面，一是建立建设用地指标即建设用地指标与地役权的登记制度；二
是做好土地利用总体规划与年度土地利用计划的编制工作，充分发挥建设
用地指标的调控功能；三是做好与国家土地征收制度的衔接工作；四是尽
快建立建设用地指标的价格评估办法，形成具有公信力的评估标准。在税
收配套制度方面，建议建设用地指标交易按照土地交易的相关税收规定执
行，用地指标转让方与受让方均应依法纳税，但当政府作为建设用地指标
的转让方或受让方时，涉及相关税种可予免征。在社会保障配套制度方
面，建议推广成都市目前正在施行的耕地保护基金制度。

第十章 结论、启示及展望

第一节 主要结论

第一，作为财产权之一的建设用地指标虽然应是民事主体享有的一项民事权利，但由于其具体表现形式是带有行政性质的，须受土地规划与计划的巨大影响，其权利行使过程与土地的行政管理及宏观调控密不可分。由此可知，建设用地指标应是一项兼具公权属性与私权属性的混合性质权利。行政的计划管理应如何与市场化的交易制度相结合，本书依据对建设用地指标计划与市场配置体制的路径依赖分析，认为应在考虑我国实行最严格的耕地保护制度的前提下，将计划配置作为限制建设用地指标过度开发的前提。应明确中央每年下达的新增规划建设用地指标主要用于国家公益公用设施建设，属于不可交易范围。同时，将市场化的配置作为建设用地指标体现市场价值的主要手段，通过充分挖掘现有土地资源的潜能，将城乡建设用地增减挂钩项目产生的建设用地指标作为市场化交易的对象。

第二，建设用地指标交易后的收益反馈机制应涵盖对政府、对集体、对农民以及对社会投资人的收益反馈机制。在市场经济条件下，政府的主要职责是制定市场交易规则，政府需要通过财税方式进行收益调节，而不是直接参与收益分配。建设用地指标交易收益应由农村集体经济组织在充分尊重村民自治的基础上进行提留。为避免指标收益的错位反馈，确保农民利益不受损害，建议建立建设用地指标的溯源机制并根据指标产出人的产权贡献进行利益分配。由于社会投资人并不具有参与建设用地指标收益初次分配的身份与权利，现有的社会资本投资回报方式有必要予以改变。

建议社会资本的回报方式为资金回报或集体经营性建设用地就地入市的方式，不应采取节余建设用地指标归于社会资本所有的回报方式。

第三，为吸引更多的社会投资人参与土地整理项目，建议设立建设用地指标整理项目交易市场，建设用地指标一、二级交易市场。交易规模的设置既要兼顾发展权转出区域的未来发展规划，也要考虑到转入区域的耕地保护数量与质量，建设用地指标交易规模须受挂钩周转指标规模及土地利用总体规划确定的建设用地总规模限制。建设用地指标交易范围应扩大在全国范围内，交易期限可设定为两年。

第四，建设用地指标或土地发展权虽然在法律法规的条文中未予明确，但其与《中华人民共和国民法典》中的地役权实有成功"嫁接"的基础。通过将地役权相关理论引入建设用地指标的市场化交易进行研究，不仅能够扩展建设用地指标研究的视野与路径，将建设用地指标相关制度真正上升到一项用益物权制度，更为重要的是，能够强化建设用地指标交易中最易被忽视的耕地保护义务，在政府的耕地保护责任上叠加一项耕地保护的民事措施，促进了耕地保护方式多元化。

第二节　几点启示

自 1998 年浙江省开展指标置换试点以来，20 多年的建设用地指标交易制度松绑与实践，积累了丰富的理论与实践成果。探索全国性建设用地指标跨区域交易市场，既是改革我国土地计划管理方式的重要方向，也是将市场配置要素资源方式进一步延伸至农村的关键一步。总体上看，当前的指标交易实践还多停留在资金与资源的简单置换上，对建设用地指标的权利溯源与制度研判创新还不够。为实现乡村振兴与脱贫攻坚有效衔接，让全国性的建设用地指标交易机制发挥更大作用，欠发达地区与优势地区间资源与资金置换方式尚有待拓展优化，还需以指标交易的资源资金对接为契机，通过制度设计，深度捆绑移入、移出两地的产业、人力资本以及技术，实现东西部各类要素资源的良性互动。

一、为乡村振兴注入先进要素

2020 年是全面迈入小康社会的重要一年，在党中央的坚强领导下，精准扶贫工作已取得了重大胜利，接下来即将转入乡村振兴的新阶段。无可否认，城乡建设用地增减挂钩节余指标跨区域交易制度犹如一盏明灯，照亮了贫困地区的脱贫之路。它打破了地域壁垒，促进了资源的有效流动，为贫困地区带来了前所未有的发展机遇。如今，随着脱贫攻坚战的全面胜利，这一制度的作用更加凸显，成为乡村振兴的重要支撑。展望未来，乡村振兴战略的实施，离不开城乡建设用地增减挂钩节余指标跨区域交易制度的持续助力，但还需要进一步完善这一制度，优化交易机制，实现土地资源的优化配置，吸引更多的资本、技术和人才投入乡村建设，推动乡村经济社会的全面发展。

二、为优势地区提供土地保障

建设用地指标跨区域交易制度若能常态化落地实施，将为优势地区提供全新的发展空间和资源保障，重点在优化资源配置、促进产业升级、推动城市更新以及提升政府治理能力等方面发挥积极作用，显著增强优势地区的高质量发展能力。

从优化资源配置看，在传统的土地管理模式下，优势地区常常因土地指标紧缺而受到发展限制。跨区域交易制度打破了这一瓶颈，通过灵活调配土地指标，使得优势地区在不破坏生态环境的前提下，获得持续发展的动力，重点以计划与市场相辅相成的方式及手段，将建设用地指标从资源丰富、需求较低的地区转移到资源紧张、需求旺盛的优势地区。这种资源配置的优化，有助于解决土地供需不平衡问题，提高土地利用效率，支持优势地区的经济发展和城市化进程。从促进产业升级作用看，优势地区通常具备更好的基础设施和产业基础，但受限于土地资源的短缺。通过跨区域交易获得建设用地指标，这些地区能够进一步扩展产业空间，引进高新技术产业和现代服务业，推动产业结构优化升级，吸引创新型企业和高端人才，增强和巩固优势地区在全国乃至全球的竞争力，实现经济的高质量发展。从推动城市更新看，优势地区的城市化进程较快，面临着旧城区改造和城市更新的需求。跨区域交易获得的建设用地指标，可以用于旧城区改造、新区开发和基础设施建设，改善人居环境，提高居民生活质量，促进社会和谐发展。从提升政府治理能力看，跨区域交易制度的实施，要求东西部各级政府间加强协调与合作，中央在完善建设用地指标交易制度和统筹计划安排指标总量及价格的前提下，指标供需双方更多通过市场化机制达成公平、合理交易。此外，跨区域交易制度还推动了土地管理体制的改革创新，促进了土地资源的科学、可持续利用。

三、为产业西移提供承接桥梁

建设用地指标跨区域交易不仅有利于优势地区的发展，同时也促进了输出土地指标地区的发展。输出地区通过土地指标交易获得的资金可以用于改善基础设施、发展特色产业、推进新型城镇化与乡村振兴。这种互利共赢的机制，有助于缩小区域发展差距，实现区域协同发展。成渝双城经济圈建设与西部大开发为四川带来了历史性发展机遇。相比于东部，西部无论在资本、人力、技术等方面均处于劣势，但其丰富的土地资源要素却是置换东部优势要素的重要载体。在当前国内外形势下，东部处于产业提档升级过程中，部分产业需要转移到西部地区。"飞地园区"模式为上述目标实现提供了操作路径。建设用地指标的跨区域交易为产业转移提供了更多选择，探索以指标置换转移产业而非以指标置换资金，会成为未来西部产业发展的重要动力。

从四川省的政策实施情况看，建设用地指标跨省及省内跨市州交易，优化了城乡区域的土地资源配置，有效促进了节约集约用地，让调出与调入地区通过资源、资金置换受益，为深度贫困地区脱贫攻坚提供了强大而直接的资金支持。虽然政策已到期，但仍有较大的延续需求，特别是在有规模性返贫可能的地区。中央在对成渝地区双城经济圈建设的相关要求中，明确提出了由重庆农村土地交易所作为东西部指标跨区域交易平台的思路。成都农村产权交易所作为全国成立时间最早、累积交易量排名最高的交易平台，应努力寻求与重庆土地交易所加强合作与资源共享，积极向上争取政策制度，与其共同构建立足西部、覆盖全国的交易市场，以更加透明、公开的方式规范跨区域交易行为。

四、为农民增收提供稳定渠道

在深入理解和明确了建设用地指标的权属关系之后，不难发现，指标交易范围的大小直接影响了交易价格的高低。换句话说，如果指标的交易范围越广，那么相应的交易价格就会越高。在成本保持不变的情况下，这样的流转方式能够极大地体现土地的增值潜力，从而为所有参与方带来更大的利益。在这个过程中，分享增值收益的主体不仅仅包括国家、集体和社会资本，还应该包括广大的农民。农民通过参与指标流转，可以获得多方面的收益。这不仅包括居住环境的改善，如更好的住房条件、更优美的居住环境等，还包括所在地引入新产业后而带来的收益，如就业机会的增加、收入来源的多样化等。此外，农民还能通过参与市场活动增强自己的市场意识，从而更好地适应和融入市场经济体系。更重要的是，农民还能通过参与建设用地指标的流转获得财产性收入，这对于提高他们的生活质量、增强他们的经济实力有着重要的意义。随着集体经济的发展和壮大，农民的收入来源将更加稳定，他们的生活也将更加富裕。

因此，有必要进一步加快推动全国性建设用地指标交易市场的构建，通过制度设计，让优质的资源要素输入农村，从而真正推动农业、农村的振兴，实现农村经济的全面发展。这不仅有助于提高农民的生活水平，也有助于实现国家乡村振兴战略的目标。

第三节　研究展望

经过对当前研究成果的梳理，笔者发现国内外对土地发展权或建设用地指标市场化交易制度已经进行了大量具有较高价值的学术研究，这些成果为下一步我国"探索建立全国性的建设用地、补充耕地指标跨区域交易机制"奠定了重要基础，但仍然有一些遗憾需在以后的研究中予以补充解决。

第一，理论基础需要进一步夯实。从目前的研究成果看，大多从经济学、法学、管理学、生态学等学科，对建设用地指标的定义、市场要素、主体身份、存在问题及意见建议等给予了明确回答，而真正从法经济学这门交叉学科角度进行深入研究的仍然较少。毕竟权利的市场化交易既涉及法律上的规制，又涉及经济学上的供需、成本以及博弈分析。目前的研究缺乏从交叉视角寻求的答案。随着要素市场化配置改革逐步深入，各地的建设用地指标市场化交易实践不断提供丰富的案例，再次对深化土地发展权及建设用地指标的理论基础研究提出了新的要求。

第二，需要增强实证性的研究。学术界重点采取历史分析、文献分析以及规范分析的方法，对完善我国建设用地指标市场交易制度进行了较为详细的论证，但由于大多停留在理论层面的挖掘上，对该项制度的实证研究相对较少，特别是缺乏更为翔实的数据分析，故难以得出令人信服的研究结论。为了为建设用地指标市场化交易中出现的各类问题找到更为科学、合理的解决途径，在接下来的研究中需要进一步综合计量分析、实证分析等研究手段，以求得到更为客观合理的结论。

第三，需要进一步拓展建设用地指标的研究领域。首先，缺乏建设用地指标或土地发展权与《中华人民共和国民法典》《中华人民共和国土地管理法》等法律体系的对接与调试。应通过总结现有实践经验，以立法形式，在各层级法律法规中明确建设用地指标的交易原则、交易主体、交易方式、交易程序、责任承担、监督管理等内容，确保建设用地指标交易的规范化与制度化。其次，缺少与农村土地制度的其他改革如农村宅基地制度改革、农村集体经营性建设用地入市制度改革等的结合。建设用地指标市场化交易是实现农村土地资源资本化、促进生产要素在城乡之间自由流动的重要方式。更进一步而言，建设用地指标市场化交易为农民增收，实现农业规模化经营，深化城乡户籍制度改革、城乡社会保障制度改革等夯实了基础，而将建设用地指标市场化交易制度放在更加宽泛的农村综合改革体系中予以全面考虑，是今后研究需要拓展的方向。

第四，需要对国外经验进行选择性借鉴。目前，土地发展权或建设用地指标的现有研究成果主要分析和借鉴了美国、英国以及法国等传统欧美发达国家的经验，但对上述国家以外的其他发达国家甚至是发展中国家的经验缺乏借鉴，同时，也较少涉及对其他国家失败教训的吸取。因此，只有对国外相关制度运行的背景及实践经验进行多方面的提炼总结，才能在结合本国国情的基础上，创造出适宜于本地的建设用地指标市场化交易的独有模式。

参考文献

一、著作类

1. 马克思，恩格斯. 马克思恩格斯全集（第 2、23、26 卷）［M］. 北京：人民出版社，1972.

2. 马克思，恩格斯. 资本论（第 1、3 卷）［M］. 北京：人民出版社，1975.

3. 列宁. 列宁选集（第 3 卷）［M］. 北京：人民出版社，1972.

4. 舍费尔，奥特. 民法的经济分析［M］. 北京：法律出版社，2009.

5. 法律的经济分析（上、下）［M］. 蒋兆康，译. 北京：中国大百科全书出版社，1997.

6. 米德玛. 科斯经济学：法与经济学和新制度经济学［M］. 罗君丽，等译. 上海：上海三联书店，2007.

7. 科斯，等. 财产权利与制度变迁：产权学派与新制度学派译文集［M］. 上海：上海人民出版社，2005.

8. 巴泽尔. 产权的经济分析［M］. 费方域，段毅才，译. 上海：上海人民出版社，1997.

9. 斯密德. 财产、权力和公共选择：对法和经济学的进一步思考［M］. 黄祖辉，等译. 上海：上海人民出版社，1999.

10. 盛洪. 现代制度经济学（上下册）［M］. 北京：北京大学出版社，2004.

11. 杨遂全. 中国之路与中国中华人民共和国民法典：不能忽视的 100 个现实问题［M］. 北京：法律出版社，2005.

12. 杨遂全. 比较民商法 [M]. 北京：法律出版社，2007.

13. 杨遂全. 民商法争鸣 [M]. 北京：法律出版社，2009.

14. 孙弘. 中国土地发展权研究：土地开发与资源保护的新视角 [M]. 北京：中国人民大学出版社，2004.

15. 唐忠. 农村土地制度比较研究 [M]. 北京：中国农业科技出版社，1999.

16. 赵俪生. 中国土地史 [M]. 济南：齐鲁书社，1984.

17. 赵德起. 中国农村土地产权制度效率的经济学分析 [M]. 北京：经济科学出版社，2010.

18. 王克强. 中国农村集体土地资产化运作与社会保障机制建设研究 [M]. 上海：上海财经大学出版社，2005.

19. 刘俊. 中国土地法理论研究 [M]. 北京：法律出版社，2006.

20. 毕宝德. 土地经济学 [M]. 北京：中国人民大学出版社，1991.

21. 陈红霞. 中国城乡土地市场协调发展的制度研究 [M]. 哈尔滨：哈尔滨工程大学出版社，2007.

22. 宋敏，陈廷贵，刘丽军. 中国土地制度的经济学分析 [M]. 北京：中国农业出版社，2008.

23. 董栓成. 中国农村土地制度改革路径优化 [M]. 北京：社会科学文献出版社，2008.

24. 吕萍，周滔，等. 土地城市化与价格机制研究 [M]. 北京：中国人民大学出版社，2008.

25. 胡亦琴. 农村土地市场化进程中的政府规制研究 [M]. 北京：经济管理出版社，2009.

26. 田莉. 有偿使用制度下的土地增值与城市发展：土地产权的视角分析 [M]. 北京：中国建筑工业出版社，2008.

27. 王瑞芳. 土地制度变动与中国乡村社会变革：以新中国成立初期土改运动为中心的考察 [M]. 北京：社会科学文献出版社，2010.

28. 黄小虎. 土地与社会主义市场经济 [M]. 北京：中国财政经济出版社，2008.

29. 乡镇论坛杂志社. 农村土地权益与农村基层民主建设研究 [C]. 北京：中国社会出版社，2007.

30. 韩俊. 中国农村土地问题调查 [M]. 上海：上海远东出版社, 2009.

31. 袁铖. 制度变迁过程中农民土地权利保护研究 [M]. 北京：中国社会科学出版社, 2010.

32. 唐在富. 中国土地制度创新与土地财税体制重构 [M]. 北京：经济科学出版社, 2008.

33. 贺雪峰. 地权的逻辑：中国农村土地制度向何处去 [M]. 北京：中国政法大学出版社, 2010.

34. 蒋省三, 刘守英, 李青. 中国土地政策改革政策演进与地方实施 [M]. 上海：上海三联书店, 2010.

35. 黄祖辉, 等. 我国土地制度与社会经济协调发展研究 [M]. 北京：经济科学出版社, 2010.

36. 上海社会科学院房地产业研究中心, 上海市房产经济学会. 土地储备立法研究 [M]. 上海：上海社会科学出版社, 2010.

37. 张一平. 地权变动与社会重构：苏南土地改革研究（1949—1952）[M]. 上海：上海世纪出版集团, 2009.

38. 王振中. 中国农业、农村与农民 [M]. 北京：社会科学文献出版社, 2006.

39. 荆月新. 城市土地立法研究 [M]. 北京：中国检察出版社, 2006.

40. 王家庭, 张换兆, 季凯文. 中国城市土地集约利用：理论分析与实证研究 [M]. 天津：南开大学出版社, 2008.

41. 王克强, 刘红梅. 中国农村地产市场研究 [M]. 上海：上海财经大学出版社, 2003.

42. 郑景骥, 等. 中国农村土地使用权流转的理论基础与实践方略研究 [M]. 成都：西南财经大学出版社, 2006.

43. 廖洪乐. 中国农村土地制度六十年：回顾与展望 [M]. 北京：中国财政经济出版社, 2008.

44. 操小娟. 土地利用中利益衡平的法律问题研究 [M]. 北京：人民出版社, 2006.

45. 邹秀清. 中国农地产权制度与农民土地权益保护 [M]. 南昌：江西出版集团, 2008.

46. 刘志仁. 农村土地流转中的信托机制研究 [M]. 长沙：湖南人民出版社, 2008.

47. 张正峰. 土地整理的模式与效应 [M]. 北京：知识产权出版社, 2011.

48. 韩芳. 农村土地养老保障功能研究 [M]. 北京：知识产权出版社, 2010.

49. 骆东奇, 姜文. 土地可持续利用理论与实践前沿研究：基于重庆实证 [M]. 成都：西南交通大学出版社, 2009.

50. 张广荣. 我国农村集体土地民事立法研究论纲：从保护农民个体土地权利的视角 [M]. 北京：中国法制出版社, 2007.

51. 汪军民. 土地权利配置论 [M]. 北京：中国社会科学出版社, 2008.

52. 张合林. 中国城乡统一土地市场理论与制度创新研究 [M]. 北京：经济科学出版社, 2008.

53. 钱忠好. 中国农村土地制度变迁和创新研究 [M]. 北京：中国农业出版社, 2010.

54. 张立彦. 中国政府土地收益制度研究 [M]. 北京：中国财政经济出版社, 2010.

55. 高林远, 黄善明, 祁晓玲, 等. 制度变迁中的农民土地权益问题研究 [M]. 北京：科学出版社, 2010.

56. 高元禄. 中国农村土地产权问题研究 [M]. 北京：经济科学出版社, 2009.

57. 沈汉. 英国土地制度史 [M]. 上海：学林出版社, 2005.

58. 万举. 转型中的土地产权冲突与融合 [M]. 北京：经济科学出版社, 2010.

59. 臧俊梅. 建设用地指标的创设及其在农地保护中的运用研究 [M]. 北京：科学出版社, 2011.

60. 刘俊. 土地权利沉思录 [M]. 北京：法律出版社, 2009.

61. 徐勇, 赵永茂. 土地流转与乡村治理：两岸的研究 [M]. 北京：社会科学文献出版社, 2010.

62. 中国社会科学院农村发展研究所宏观经济研究室. 农村土地制度

改革：国际比较研究 [C]. 北京：社会科学文献出版社，2009.

63. 阿朗索. 区位和土地利用：地租的一般理论 [M]. 北京：商务印书馆，2007.

64. 林翊. 中国经济发展过程中农民土地权益问题研究 [M]. 北京：经济科学出版社，2009.

65. 朱秋霞. 中国土地财政制度改革研究 [M]. 上海：立信会计出版社，2007.

66. 任丹丽. 集体土地物权行使制度研究 [M]. 北京：法律出版社，2010.

67. 徐汉明. 中国农民土地持有产权制度研究 [M]. 北京：社会科学文献出版社，2004.

68. 汪振江. 农村土地产权与征收补偿问题研究 [M]. 北京：中国人民大学出版社，2008.

69. 郑永流，马协华，高其才，等. 农民法律意识与农村法律发展：来自湖北农村的实证研究 [M]. 北京：中国政法大学出版社，2004.

70. 陈小君，等. 农村土地法律制度的现实考察与研究 [M]. 北京：法律出版社，2010.

71. 孙宪忠. 论物权法 [M]. 修订版. 北京：法律出版社，2008.

72. 王卫国，王广华. 中国土地权利的法制建设 [M]. 北京：中国政法大学出版社，2002.

73. 尹飞. 用益物权 [M]. 北京：中国法制出版社，2005.

74. 钱忠好. 中国农村土地制度变迁和创新研究（续）[M]. 北京：社会科学文献出版社，2005.

75. 崔建远. 土地上的权利群研究 [M]. 北京：法律出版社，2004.

76. 孟勤国. 中国农村土地流转问题研究 [M]. 北京：法律出版社，2009.

77. 单胜道，陈强，尤建新. 农村集体土地产权及其制度创新 [M]. 北京：中国建筑工业出版社，2005.

78. 陈华彬. 物权法 [M]. 北京：法律出版社，2004.

79. 陈锡文，等. 中国农村改革30年回顾与展望 [M]. 北京：人民出版社，2008.

80. 费孝通. 乡土中国［M］. 北京：北京出版社，2005.

81. 费孝通. 江村经济［M］. 江苏：人民出版社，1986.

82. 侯水平，等. 物权法争点详析［M］. 北京：法律出版社，2007.

83. 王卫国. 中国土地权利研究［M］. 北京：中国政法大学出版社，2003.

84. 刘乃忠. 地役权法律制度研究［M］. 北京：中国法制出版社，2007.

85. 张鹏，史浩明. 地役权［M］. 北京：中国法制出版社，2007.

86. 斯普兰克林. 美国财产法精解［M］. 2 版. 钟书峰，译. 北京：北京大学出版社，2009.

87. 皮特. 谁是中国土地的拥有者？：制度变迁、产权和社会冲突［M］. 林韵然，译. 北京：社会科学文献出版社，2008.

88. 张占录，等. 土地发展权与农村居民点整体利益分配［M］. 北京：光明日报出版社，2021.

89. 姚昭杰，刘国臻. 我国土地权利法律制度发展趋向研究：以土地发展权为例［M］. 广州：中山大学出版社，2015.

90. 王茨. 我国耕地保护中的土地发展权机制创新的实践与理论研究［M］. 北京：经济科学出版社，2021.

91. 汪晗. 土地开发与保护的平衡：土地发展权定价与空间转移研究［M］. 北京：人民出版社，2015.

92. 任艳胜. 基于主体功能分区的建设用地指标补偿研究［M］. 北京：中国社会科学出版社，2015.

93. 顾汉龙. 城乡建设用地增减挂钩制度研究：以地票交易模式为例［M］. 北京：中国农业出版社，2020.

94. 穆向丽，巩前文. 城乡建设用地增减挂钩中农民土地收益分配机制研究［M］. 北京：中国农业出版社，2018.

95. 刘守英. 土地制度与中国发展［M］. 北京：中国人民大学出版社，2018.

96. 孙弘. 中国土地发展权研究：土地开发与资源保护的新视角［M］. 北京：中国人民大学出版社，2004.

97. 唐忠. 农村土地制度比较研究［M］. 北京：中国农业科技出版

社，1999.

98. 刘卫柏. 中国农村土地流转模式创新研究 [M]. 长沙：湖南人民出版社，2010.

二、论文类

1. 周少来. 城乡土地交易的利益分配逻辑：从"增减挂钩"到"飞地抱团"的制度提升 [J]. 中央社会主义学院学报，2018 (6)：156-160.

2. 周成. 农民进城宅基地可自愿退出成都市农村宅基地有偿退出制度探索 [J]. 当代县域经济，2016 (9)：40-42.

3. WOLFRAM G. The sale of development rights and zoning in the preservation of open space：lindahl equilibrium and a case study [J]. Land Economics，1981 (3)：398-413.

4. DANNER J C. TDRs：great idea but questionable value [J]. The Appraisal Journal，1997 (4)：133-142.

5. DOUGLAS T K, RYAN J E. Paying for the change：using eminent domain to secure exactions and sidestep Nollanand Dolan [J]. Virginia Law Review，1995，63 (3)：1801-1879.

6. 顾汉龙，冯淑怡，张志林，等. 我国城乡建设用地增减挂钩政策与美国土地发展权转移政策的比较研究 [J]. 经济地理，2015 (6)：143-148，183.

7. 张新平. 英国土地发展权国有化演变及启示 [J]. 中国土地，2015 (1)：36-38.

8. 陈柏峰. 土地发展权的理论基础与制度前景 [J]. 法学研究，2012 (4)：99-114.

9. 马韶青. 土地发展权的国际实践及其启示 [J]. 河北法学，2013 (7)：77-84.

10. 林晓雪，吴金辉，臧俊梅，等. 我国土地发展权研究综述 [J]. 广东土地科学，2012 (2)：11-16.

11. 李新仓，阎其华. 土地开发权转移框架下我国建设用地指标行政配置的法律规制 [J]. 广东社会科学，2018 (5)：229-236.

12. 张新平. 试论英国土地发展权的法律溯源及启示 [J]. 中国土地

科学，2014（11）：81-88.

13. 彭敏学，黄慧明. 论"增减挂钩"在国土空间规划中的扩展适用：以土地发展权转移的视角 [J]. 城市规划，2021（4）：24-32.

14. 胡传景. 关于构建农村建设用地指标市场化配置平台的构想 [J]. 国土资源，2015（1）：48-51.

15. 王博，冯淑怡，曲福田. 新增建设用地指标交易：体系构建和效率提升 [J]. 南京社会科学，2020（2）：27-35.

16. 施思. 中国土地发展权转移与交易的浙江模式与美国比较研究 [J]. 世界农业，2012（10）：133-135.

17. 李新仓，刘怡文，阎其华. 建设用地指标市场配置法律制度的立法构建 [J]. 资源开发与市场，2018（2）：236-241.

18. 吕云涛. 英美法三国土地发展权及其移转制度比较研究 [J]. 世界农业，2016（11）：98-102.

19. 朱一中，杨莹. 土地发展权：性质、特征与制度建设 [J]. 经济地理，2016（12）：147-153.

20. 方涧，沈开举. 土地发展权的法律属性与本土化权利构造 [J]. 学习与实践，2019（1）：57-65.

21. 朱嘉晔，黄朝明，詹丽华. 土地发展权转让制度的再思考 [J]. 安徽农业科学，2015（6）：303-307，317.

22. 张先贵. 中国语境下土地发展权内容之法理释明：立足于"新型权利"背景下的深思 [J]. 法律科学（西北政法大学学报），2019（1）：154-168.

23. 汪晖，陶然. 论土地发展权转移与交易的"浙江模式"：制度起源、操作模式及其重要含义 [J]. 管理世界，2009（8）：39-52.

24. 彭錞. 土地发展权与土地增值收益分配：中国问题与英国经验 [J]. 中外法学，2016（6）：1536-1553.

25. 黄锦东. 城乡建设用地增减挂钩制度的演进及机理：基于制度变迁理论的分析 [J]. 自然资源情报，2019（1）：40-46.

26. 汪晖，王兰兰，陶然. 土地发展权转移与交易的中国地方试验：背景、模式、挑战与突破 [J]. 城市规划，2011（7）：9-13，19.

27. 唐薇. 建设用地指标交易的制度局限及法制应对：基于成渝建设

用地指标交易实践视角 [J]. 农村经济, 2019 (1): 37-45.

28. 杨明洪, 刘永湘. 压抑与抗争: 一个关于农村土地发展权的理论分析框架 [J]. 财经科学, 2004 (6): 24-28.

29. 田富强. 贫困地区虚拟地票土地发展权试析 [J]. 山西农业科学, 2015 (8): 1038-1044.

30. 谭明智. 严控与激励并存: 土地增减挂钩的政策脉络及地方实施 [J]. 中国社会科学, 2014 (7): 125-142, 207.

31 李元珍. 央地关系视阈下的软政策执行: 基于成都市 L 区土地增减挂钩试点政策的实践分析 [J]. 公共管理学报, 2013 (3): 14-21, 137-138.

32. 杨鑫, 姜海, 范宇, 等. 基于效率—公平的区际建设用地指标配置方式评价及改进: 以南京市为例 [J]. 中国土地科学, 2017 (7): 20-27.

33. 谭林丽, 刘锐. 城乡建设用地增减挂钩: 政策性质及实践逻辑 [J]. 南京农业大学学报 (社会科学版), 2014 (5): 76-83.

34. 马晓妍, 叶剑平, 郧文聚. 建设用地指标跨区域市场化配置可行性分析 [J]. 中国土地, 2017 (10): 17-19.

35. 郑俊鹏, 王婷, 欧名豪, 等. 城乡建设用地增减挂钩制度创新思路研究 [J]. 南京农业大学学报 (社会科学版), 2014 (5): 84-90.

36. 高远. 我国土地发展权市场化模式初探 [J]. 环渤海经济瞭望, 2009 (8): 51-55.

37 杨鑫, 范宇, 赵勇, 等. 建设用地指标配置方式创新探讨: 基于南京、淮安两市的实践 [J]. 中国国土资源经济, 2016 (12): 23-27.

38. 顾汉龙, 冯淑怡, 曲福田. 重庆市两类城乡建设用地增减挂钩模式的比较 [J]. 中国土地科学, 2014 (9): 11-16, 24.

39. 刘荣材. 产权、定价机制与农村土地流转 [J]. 农村经济, 2010 (12): 30-34.

40. 吴胜利, 蒲杰, 张焱. 论建设用地指标交易的法律构造 [J]. 理论与改革, 2012 (5): 140-143.

41 张蔚文, 李学文. 外部性作用下的耕地非农化权配置: "浙江模式" 的可转让土地发展权真的有效率吗? [J]. 管理世界, 2011 (6): 47-62.

42. 廉大为, 赵雪锋. 集体建设用地指标交易市场化机制研究: 以上海市为例 [J]. 华东经济管理, 2012 (11): 7-11.

43. 王磊. 土地整理中的投资机制探析 [J]. 安徽农业科学, 2007 (34): 11226-11228, 11252.

44. 刘旭东. 浅议土地整理市场化与政府角色 [J]. 浙江国土资源, 2003 (6): 3.

45. 陆铭. 建设用地指标可交易: 城乡和区域统筹发展的突破口 [J]. 国际经济评论, 2010 (2): 137-148, 6.

46. 汪晖, 陶然, 史晨. 土地发展权转移的地方试验 [J]. 国土资源导刊, 2011 (Z1): 57-60.

47. 王玲燕, 邱道持, 钱昱如, 等. 农村土地流转市场化需求调查: 基于忠县农村土地流转实证分析 [J]. 乡镇经济, 2009 (11): 30-34.

48. 徐莉萍, 张淑霞, 李姣. 美国土地发展权转让定价主体、模型、制度的演进及启示 [J]. 华东经济管理, 2016 (1): 171-178.

49. 郭杰, 包倩, 欧名豪. 基于资源禀赋和经济发展区域分异的中国新增建设用地指标分配研究 [J]. 中国土地科学, 2016 (6): 71-80.

50. 刘红. 基于主体功能区建设的土地发展权转让机制研究 [J]. 商业研究, 2014 (4): 11-16.

51. 甘玲, 耿永志. 农村劳动力转移与新农村建设 [J]. 开放导报, 2007 (3): 60-62.

52. 李泉. 河南省农村劳动力转移与土地流转研究 [J]. 农村经济与科技, 2010 (6): 79-80.

53. 王文龙. 土地发展权交易视角下的粮食安全区域协调机制研究: 以浙江省为例 [J]. 经济体制改革, 2015 (1): 90-94.

54. 文兰娇, 张安录. 地票制度创新与土地发展权市场机制及农村土地资产显化关系 [J]. 中国土地科学, 2016 (7): 33-40, 55.

55. 范辉, 董捷. 论农地发展权价格 [J]. 生产力研究, 2008 (9): 39-41.

56. 洪小翠, 楼江. 我国土地发展权配置与流转制度设计 [J]. 上海国土资源, 2014 (3): 11-14.

57. 程雪阳. 土地发展权与土地增值收益的分配 [J]. 法学研究, 2014 (5): 76-97.

58. 李延荣. 集体建设用地流转要分清主客体 [J]. 中国土地, 2006

（2）：14-15.

59. 卢吉勇，陈利根. 集体非农建设用地流转的主体与收益分配 [J]. 中国土地，2002（5）：2.

60. 黄祖辉，汪晖. 非公共利益性质的征地行为与土地发展权补偿 [J]. 经济研究，2002（5）：66-71，95.

61. 张占录，赵茜宇，李蒴. 中国土地发展权的经济分析与配置设计：以北京市平谷区为例 [J]. 地域研究与开发，2015（2）：137-141.

62. 吴郁玲，曲福田，冯忠垒. 论我国农地发展权定位与农地增值收益的合理分配 [J]. 农村经济，2006（7）：21-23.

63. 韩曼莉，程久苗. 安徽省城乡建设用地增减挂钩节余指标省域内流转相关问题研究 [J]. 农村经济与科技，2020（1）：223-226.

64. 汪莉，王珺. 建设用地指标收储机制构建刍议 [J]. 安徽农业大学学报（社会科学版），2017（5）：66-70.

65. 陈燕芽，冯义强. 我国农村土地发展权的性质与归属新思考：以城镇化中的农民土地权益保障为视角 [J]. 宁夏社会科学，2015（6）：49-54.

66. 汪莉，王珺. 建设用地指标交易监管机制的完善 [J]. 安徽工业大学学报（社会科学版），2017（2）：43-46.

67. 李新仓，阎其华. 建设用地指标市场配置法律制度正当性研究 [J]. 西南民族大学学报（人文社会科学版），2018（2）：104-110.

68. 刘澄宇，龙开胜. 集体建设用地指标交易创新：特征、问题与对策：基于渝川苏浙等地典型实践 [J]. 农村经济，2016（3）：27-33.

69. 龙开胜. 集体建设用地指标交易能否增加农民收入：一个整体性框架及初步经验证据 [J]. 南京农业大学学报（社会科学版），2015（5）：87-94，140.

70. 姚树荣，龙婷玉. 基于精准扶贫的城乡建设用地增减挂钩政策创新 [J]. 西南民族大学学报（人文社会科学版），2016（11）：124-129.

71. 姚树荣，熊雪锋. 以宅基地有偿退出改革助推易地扶贫：四川省泸县"嘉明模式"分析 [J]. 农村经济，2017（2）：21-24.

72. 杨遂全. 民事平等与人力产权平等制度透视与启示 [J]. 民商法争鸣，2022（1）：3-8.

73. 杨遂全. 农村个人房地产产权的制度缺陷与补漏 [J]. 中国房地产, 2009 (3)：49-51.

74. 曾庆学. 农村土地流转与农村社会保障法律制度构建 [J]. 中外企业家, 2011 (2)：29-30.

三、报纸类

1. 程郁, 张亮. 以发展权调节我国土地利用和保护平衡 [N]. 中国经济时报, 2017-10-17 (005).

2. 曹悦妮. 将政策与农民发展权"挂钩" [N]. 中国自然资源报, 2014-03-18 (003).

3. 柴伟, 李华友. 地票交易破土地管理改革4难题 [N]. 重庆商报, 2011-12-09 (007).

4. 何宇, 许晖晖. 台州一项目获土地指标奖励 [N]. 台州日报, 2022-09-21 (001).

5. 高伟. 武汉"抢食"周边土地指标 [N]. 中国房地产报, 2011-04-18 (A02).

6. 彭戈. 严控地根 成都地票被叫停 [N]. 中国经营报, 2011-01-17 (B15).

7. 吴红缨. 重庆"新土改"酝酿大动作：让农民自主买卖地票 [N]. 21世纪经济报道, 2011-07-18 (005).

8. 徐红燕, 谢必如. 地票价款使用必须锁定"三农" [N]. 中国自然资源报, 2010-09-03 (003).

9. 张明. 地票探路拿地门槛土地调控渐临 [N]. 中国经营报, 2010-07-12 (B14).

10. 高伟. 重庆"地票"成交2.17万亩 [N]. 中国房地产报, 2010-08-30 (015).

11. 李秀中. 买地"持证准入"成都地票拍卖或促发土地炒作 [N]. 第一财经日报, 2010-12-24 (A15).

12. 潘静. 有偿购买"地票"破解"双缺"困局 [N]. 蚌埠日报, 2010-07-16 (A01).

13. 李志晖, 徐旭忠. 中国首家"地票"交易所在重庆正式挂牌 [N].

新华每日电讯, 2008-12-06 (001).

14. 吴伟, 汪挺. "重庆地票" 瞄准土地流转 有偿转让城乡一体农民变市民 [N]. 中国商报, 2010-04-20 (006).

15. 吴红缨. 地票和林权: 新土改? [N]. 21世纪经济报道, 2010-04-19 (012).

16. 张雯. 地票: "新土改" 的重庆名片 [N]. 新农村商报, 2011-09-14 (A13).

17. 白勇. 重庆地票能走多远 [N]. 中华工商时报, 2011-01-28 (A03).

18. 穆之. 成都 "地票" 交易暂缓 政府欲退出农地整理? [N]. 第一财经日报, 2011-01-14 (C02).

19. 邓瑾. 火爆 "地票" 突然暂停 成都土改风向难辨 [N]. 南方周末, 2010-12-30 (B09).

后记

　　本书是在我的博士论文的基础上修改而成的。我自 2009 年开始关注建设用地指标交易，彼时还供职于成都市城乡房产管理局（现为成都市住房和城乡建设局），因工作关系，需要熟悉农村房屋、土地相关制度和历史背景。随着亲身参与成都市全国统筹城乡综合配套改革试验区建设，我逐步对建设用地指标的市场化交易产生了浓厚兴趣，后赴成都市国土资源局作为业务主管单位的成都农村产权交易所工作，对建设用地指标交易的现状及困境有了更为直观的了解。博士毕业后，我有幸来到四川省社会科学院成为一名专职科研人员。在此期间，通过与原四川省国土勘测规划研究院等单位的合作研究，我对贫困地区建设用地指标跨区域交易制度进行了更为深入的调查研究，后围绕建设用地指标交易制度，在《民商法争鸣》《当代社会科学》等刊物上公开发表了相关文章，为本书的写作打下了基础。总体上看，本书具有较大的理论意义和实践价值。在研究过程中面临了很多的挑战，特别是如何在区域协调发展背景下考量地区均衡发展的土地要素保障问题，目前有关建设用地指标或土地发展权方面的专著还不多，收集跨省指标交易的数据资料较为困难。我担心以自己浅薄的学识无法把握，所以很早就开始了本书的构思与写作，一直不敢有丝毫懈怠。今书稿虽已完成，但内心还是有些惶恐不安。

　　从最初的研究、写作，到今天的付梓出版，此书凝结了我多年来的研究心血和工作体会，除了感受到个中的艰辛外，更多的是心存感激，我的成长饱含了众多师长、同事、朋友、家人的期盼和帮助。因此，我想借这个机会向他们表示我由衷的谢意。

衷心感谢恩师杨遂全教授。他将我引入法经济学的学术殿堂，在学习上为我授业解惑，从选题、框架构思，再到具体的写作、修改定稿，无一不凝结着恩师的心血。恩师严谨的治学态度、教书育人的高尚职业道德以及乐观、平和、豁达的为人处世方式使我终身受益。甚至在我入职四川省社会科学院后，他仍在课题申报方面给我提出了许多的宝贵意见，这些令我永远都无法忘怀。

真诚地感谢姚树荣教授。在我踏上现在的岗位后，让我有了更多机会亲身参与农村土地制度的各项改革研究。无论是实地调研，还是研究思维拓展等方面，他都给了我悉心的指导和重要的启发。对于他给予的无私帮助，我深深地表示谢意。

同时感谢伏绍宏研究员、张序研究员、张磊研究员，他们在本书写作中提出的建设性意见为本书增色不少。还要感谢四川省国土勘测规划研究院慕楠、李方耀，成都农村产权交易所时任董事长廖彦淞、总经理邓玉林，成都市城乡房产管理局范亮、李军成。在本书写作期间，能够得到各位老师、专家、领导的指点，实乃人生之大幸，在此一一致谢。

我的父母，无论是在我求学期间还是工作之后，都是始终如一地支持我。我的夫人对我的研究工作给予了很大的支持和帮助，我两位女儿的勤奋好学带给了我莫大的鼓励和安慰，这样我才能把主要精力集中在书稿的写作上。对他们的关爱，我只能用关爱去报答。

本书能够得以出版，还要感谢出版社的编辑，没有他们的辛勤审稿，本书不可能付梓。他们是这本书的把关人，理应得到我的敬重和感铭。出版社为本书提供了宝贵的出版机会和展示的平台，这让我终身感念。

洪运

2024 年 7 月